gutes leben
bene!

Kerstin Hack

Leinen los

Wie ich mitten in Berlin ein Hausboot
baute, um meinen Traum zu leben

Danke
Danke, liebe Anna Grace –
für alles.

Als ich dich kennenlernte,
dachte ich,
ich könnte dich formen.

Ich ging davon aus,
dass ich dich stärker machen würde
und dir helfen könnte,
zu deiner Bestimmung zu kommen.

Doch dann entdeckte ich:
Du prägst mich.

In den Jahren unserer Freundschaft
hast du mir gezeigt,
was es heißt, mutig zu sein und eine Vision zu verfolgen.

Du hast mir beigebracht, klar zu sein
und, wo nötig, auch deutlich Nein zu sagen.

Du hast mich gelehrt, nicht aufzugeben
und darauf zu vertrauen, dass zur richtigen Zeit Hilfe kommt.

Du hast aus mir eine Frau geformt,
die durch die Begegnung mit dir
vertrauensvoller und froher geworden ist.

Du hast mich geprägt wie niemand zuvor.
Danke, Anna Grace,
mein Schiff.

INHALT

DER TRAUM

Oder: Zehn oder mehr Zutaten, um aus Unmöglich-
keiten am Ende doch Möglichkeiten zu schaffen.

Die Sonne lächelt, der noch kühle Aprilwind streicht mir übers Gesicht. Ich sitze draußen und blicke auf meinen Garten. Garten ist noch ein wenig übertrieben für die zehn mal dreißig Meter große Fläche am Rande eines alten Berliner Industriegebietes. Dort liegen große Haufen von Gestrüpp und Holz. Immerhin: Leckerer Rucola wuchert wild. Dornen aber auch. Die Stiefmütterchen, die ich gepflanzt habe,

Das Leben beginnt an dem Tag, an dem man einen Garten anlegt.

Chinesisches Sprichwort

stehen kahl in der Erde. Doch die ersten Narzissen leuchten gelb. Direkt neben meinem Garten bauen gerade zwei Schwäne ein Nest für ihre Jungen. Ich liebe es, auf dem Steg zu stehen, der zu meinem Schiff führt, ihnen zuzusehen – und ihnen ab und zu etwas Baumaterial zuzuwerfen. Davon gibt es in meinem »Garten« genug. Bis mein Garten seinen Namen verdient, wird noch einige Zeit vergehen. Doch das ist eine andere Geschichte.

Geschichten, die uns bewegen, erzählen von Menschen, die etwas wollen und Hindernisse überwinden, um es zu bekommen. Meine Geschichte in Twitter-Kürze:»Ich wollte auf einem Schiff leben. Auf dem Weg zum Ziel gab es Hindernisse: Mangel an Wissen und Finanzen, Rost, Schweiß, Tränen und Behördenstarrsinn.« Das reicht noch nicht ganz für einen abendfüllenden Kinofilm und ist so auch noch etwas kurz für ein Buch. Deshalb möchte ich nun die ganze Geschichte erzählen. Es ist die Geschichte einer Frau, die mit praktisch nichts als einem Traum begann, ein altes rostiges DDR-Marineschiff umzubauen. »Nichts« stimmt nicht ganz. Ich besaß einen Zimmermannshammer, eine Metallsäge und eine Rohrzange – und konnte gerade mal eben so mit diesen Werkzeugen umgehen. Ein ausreichendes Budget für das Projekt? Fehlanzeige. Erfahrung im Bauen? Nur die wenigen Stunden, die ich als Teenager meinen Eltern beim Hausbau geholfen hatte – widerwillig. Lesen war mehr mein Ding, als Bretter zusammenzuschrauben. Kenntnisse über Schiffe, Wassergesetze oder Ähnliches? Null. Bootsführerschein? Nein.

Immerhin: Ich hatte eine Handvoll Freunde, dazu ein Gehirn, das »unmöglich« auch nur für eine Meinung von vielen hielt. Und ein Herz, das sich weigerte, die Sehnsucht im »Es-geht-nicht«-Tresor zu verschließen. Hinzu kam der waghalsige Glaube, dass jeder Traum einen Weg in sich birgt, der zu mehr Lebendigkeit führt. Ich las das Kleingedruckte der Visions-Packungsbeilage: Lassen Sie sich auf die Sehnsucht ein, kann das zu Schmerz, Irritation im beruflichen oder privaten Umfeld, schlaflosen Nächten und Kopfschmerzen führen. Und ignorierte es. Ich vermute, du gehörst zu denen, die wissen, wie viel es kostet, einen Traum zu leben. Du ahnst aber auch, dass es noch viel mehr kostet, es nicht zu tun – letztlich das Leben. Ich vermute, du bist ein Visionär oder eine Zockerin, die auf die Hoffnung wettet. Einer oder eine von uns Mutigen.

Viel Freude beim Leben und Lesen!
Kerstin Hack

GEGENWIND

Oder: Wie fehlende Tinte fast alles ruinieren kann und warum es keinen Sinn macht, sich vorzustellen, was alles schiefgehen könnte.

H ier fehlt ein Stempel!« – »Puls unter 28«: Diese beiden beunruhigenden Aussagen hallten in meinen Ohren wider, schlugen wie Hämmer gegen meinen Schädel, ließen mein Herz stocken. »Auf Ihrer Transportgenehmigung fehlt ein Stempel. Sie dürfen mit Ihrem Schiff nicht weiterfahren!« – »Kerstin, dein Vater ist mit einem Blutdruck von unter 28 ins Krankenhaus gekommen.«

Ich hatte gedacht, das Schlimmste läge bereits hinter mir. Es war schwierig genug gewesen, das Schiff für die Reise von Hamburg nach Berlin transportfertig zu bekommen: In drei langen, eiskalten Wintermonaten mussten alle Lecks und Schwachstellen im Metall gefunden und ausgebessert werden. Der Lohn für diese Arbeit war das ersehnte Schwimmfähigkeitszeugnis. Der Kahn bleibt – amtlich bestätigt – über Wasser.

Was wäre das Leben, hätten wir nicht den Mut, etwas zu riskieren.

Vincent van Gogh

Und dann musste dieses Schiff ohne Motor auch noch transportiert werden. Nach langem Hin und Her war klar: Die Firma *Ed Line* macht das. Mit meinen besorgten Fragen hatte ich den Inhaber so genervt, dass er mir schließlich ein Foto mailte, auf dem zu sehen war, wie eines ihrer Boote einen 40 Meter langen und 15 Meter hohen Schiffsrohling schob. Dazu die Botschaft »WIR KÖNNEN DAS!«. Ich verstand.

Damit wir starten konnten, musste mein Schiff mit genug Ballast gefüllt werden, es sollte so tief im Wasser liegen, dass alle Brücken unterquert werden konnten. Einen Tag vor der geplanten Abfahrt stellten wir fest, dass uns zehn Zentimeter fehlten. Zehn Zentimeter sind viel, wenn es gilt, ein 25 Meter langes und 25 Tonnen schweres Schiff genauso weit abzusenken. Doch es gelang.

Zu allem Überfluss war auch noch das Seil, das mich mit meinem Bootsbauer verband, durch zunehmende zwischenmenschliche Spannungen gerissen. Franz war von Bord gegangen und mit ihm alles Werkzeug. Wie sollten wir die mehrtägige Reise ohne einen schiffskundigen Menschen überstehen? Zum Glück konnte Bernd, ein Hafennachbar, kurzfristig seinen Kumpel Bernd II zu uns an Bord schicken.

Jetzt musste noch ein 400 Kilogramm schweres Ruder umgelegt werden, ohne das Schiff oder Menschen zu schädigen – dann endlich begann der schöne Teil der Reise.

Ein Höhepunkt: das Schiffshebewerk Scharnebeck. Dort fuhr das Schiff in eine Art Wanne ein, die selbst 5800 Tonnen wiegt, und wurde mithilfe von Gegengewichten aus 224 je 26 Tonnen schweren Betonscheiben 38 Meter nach oben gehoben. Für mich ein Wunderwerk der Technik – bei seiner Erbauung das höchste Schiffshebewerk der Welt. Am liebsten wäre ich noch ein paarmal rauf- und runtergefahren, aber das ist leider nicht erlaubt.

Wir überquerten auf der Trogbrücke bei Magdeburg die Elbe. Vom Dach des Steuerhauses den majestätischen Fluss im Morgenlicht zu sehen war unwirklich schön. Ein Traum!

»Jetzt kann nichts mehr schiefgehen«, dachte ich, »in zwei Tagen sind wir in Berlin.«

Doch das war ein Irrtum. Ich hatte nicht mit der deutschen Bürokratie gerechnet. Die holte uns um 15.55 Uhr an der Schleuse bei Brandenburg an der Havel ein. Ein Wasserschutzpolizist hatte unseren Schubverband gesehen – so nennt man die Kombination aus Schubschiff und einem anderen Gefährt ohne eigenen Antrieb. Er wollte prüfen, ob die Verbindung zwischen Schubschiff und meinem Schiff stabil genug war. Für ihn war es unerheblich, dass wir damit schon gut über die Elbe gekommen waren, die selbst in den ruhigen Sommertagen weitaus stürmischer und deutlich mehr befahren war als die beschauliche Havel. Schließlich gab er sein Okay – die Verbindung war stabil.

Doch dann tat sich ein neues Problem auf. »Hier fehlt ein Stempel!«, sagte der Wasserschutzpolizist und zeigte mit kritischem Blick auf die betreffende Stelle. »Stempel und Unterschrift«, stand da. Aber der Beamte, der das Dokument ausgestellt hatte, hatte es nur unterschrieben. »Ohne Stempel ist das Dokument ungültig«, stellte der Polizist fest, »Sie dürfen nicht weiterfahren!« Wir wiesen mit Engelszungen darauf hin, dass es doch das richtige Formular sei, von der richtigen Behörde gefaxt und auch von einem der Mitarbeiter dort unterschrieben. Doch ein fehlender Stempel in Deutschland ist schwerwiegend. Das wollte der Polizist nicht allein entscheiden. Er wandte sich telefonisch an die nächste Instanz.

Der Anruf beim Vorgesetzten um 16.02 Uhr blieb erfolglos. »Wir haben um 16 Uhr Dienstschluss. Morgen ab 9 Uhr ist wieder geöffnet, dann werden wir klären, ob Sie weiterfahren dürfen.« – »Morgen um 9.00? Wir wollten heute noch sieben

Stunden fahren, um möglichst nah an Berlin ranzukommen!«
– »Tut mir leid, ich habe jetzt Feierabend! Bis morgen!«

Die Jungs vom Begleitboot maulten, denn sie würden einen Tag länger von ihren Freundinnen getrennt sein. Gerade für den frisch verliebten jüngeren der beiden war das sichtlich schmerzhaft. Außerdem kann kaum etwas einen Seemann so erschüttern, wie nichts tun zu können.

Wir saßen fest und waren machtlos gegen kleinkarierte Bürokratie. Es war doch nicht unser Fehler, dass der Beamte vergessen hatte, die Genehmigung abzustempeln, bevor er sie gefaxt hatte. Aber Gesetz ist Gesetz: Ohne Stempel galt der Transport als illegal – später sollte mich als Auftraggeberin diese »Straftat« 875 Euro kosten. Ich sage gerne: »Ein Abenteuer ist eine Krise, die man sich selbst ausgesucht hat.« Aber sogar für meinen Geschmack war das nun zu viel Krise.

»Ob die uns überhaupt weiterfahren lassen? Was machen wir, wenn die uns hier festhalten?« – »Es wird einen Weg geben«, versuchte mich meine Freundin Rosemarie aufzumuntern. Sie hatte leicht reden. Die Verantwortung trug ich.

Mitten in die Anspannung hinein rief mich meine Mutter an: »Dein Vater ist ins Krankenhaus eingewiesen worden. Sein Puls war unter 28.« Ich wusste gerade genug von Medizin, dass ein Puls eher bei 80 liegen sollte als bei 28. Dass man mit einem derart niedrigen Puls jederzeit umkippen kann, war mir klar.

Später erfuhr ich, dass der behandelnde Arzt, der das Problem zufällig bei einer Routineuntersuchung festgestellt hatte, meinem Vater nicht einmal erlaubt hatte, die 100 Meter von seiner Praxis zum Krankenhaus zu laufen: »Jeder Schritt, den

Sie gehen, könnte Ihr letzter sein! Ich rufe einen Krankenwagen.«

Ich lag auf der Matratze, die wir auf den blanken Stahlboden im »Salon« des Schiffes gelegt hatten, und grübelte und weinte: »Wird Papa es schaffen? Werden wir es schaffen? Ist jetzt alles aus? Wie wird es weitergehen?« In meiner Hilflosigkeit wandte ich mich auch im Gebet an Gott – es ist für mich ein tröstender Glaube, in Schwierigkeiten nie allein zu sein. Doch ich kenne auch Tage, an denen ich das Empfinden habe, dass meine Gebete nur bis zur Decke kommen und dann mit aller Wucht auf mich zurückprallen. So war es in dieser Nacht.

Eine Antwort konnte ich nicht finden.

TEIL 1

In welcher Phase der Vision ein Visionär sich
befindet, erkennt man an den Kommentaren
seiner Mitmenschen.

Phase 1: »Du bist verrückt!«

FRÜHLINGSWIND

Oder: Wie Visionen im Neonlicht entstehen
können und was der Kern eines Traumes ist.

Neonlicht spart Geld – das galt so lange, bis LEDs erfunden wurden. In den 90er-Jahren des letzten Jahrhunderts war die Technik noch weit davon entfernt, Sparsamkeit und Schönheit zu kombinieren. So saß ich mit 300 anderen Menschen in einem neonbeleuchteten Raum und hörte dem Redner zu. »Es wird Zeit, dass wir aufhören, uns über die Schwächen unserer Eltern zu beklagen, und stattdessen Eltern für die nächste Generation werden.« Volltreffer. Der Satz rutschte an allen möglichen Einwänden vorbei und traf mich mitten ins

Wenn ein Mensch ein weites, liebendes Herz hat, kommen die Menschen zu ihm wie die Schiffe in den Hafen und fühlen sich wohl, wenn sie unter dem Schutz seiner Freundschaft vor Anker liegen.

Charles Spurgeon

Herz. Er wurde zu einem Magneten, der von nun an viele meiner Entscheidungen in eine neue Richtung lenkte.

Mit meinen Eltern habe ich es eigentlich recht gut erwischt. Beide sind kluge, lebenstüchtige Menschen, die meinen beiden Geschwistern und mir eine solide Basis für das Leben mitgaben.

Ich erinnere mich an eine Kindheit mit vielen Erlebnissen und Wanderungen und mit abwechslungsreichen Urlauben in den Bergen oder am Meer. Im und am Wasser fühlte ich mich schon immer besonders wohl, auch wenn ich nicht ahnte, welche Rolle es später in meinem Leben spielen würde. Als Kind liebte ich das Wasser und war oft erst dann bereit, das kühle Nass zu verlassen, wenn meine Lippen blau und meine Glieder vor Kälte fast unbeweglich waren.

Vor allem im Freien spielten wir viel. Ab und an erlaubte meine Mutter es meinem Bruder und mir nicht nur, auf die baumhohen Strohstapel der Bauern zu steigen, sondern kletterte sogar mit. Sie genoss es wie wir, immer wieder jauchzend herunterzurutschen.

Es ist ja das Privileg der Kindheit, Dinge so oft tun zu können, wie man will. »Noch mal!« ist das Glückswort der Kinder – und manchmal das Ermüdungswort der Erwachsenen. Bis heute ist für mich die Fähigkeit, mich immer wieder über die gleichen Dinge freuen zu können – etwa über die Enten, die auf dem Wasser herumtrödeln –, ein guter Indikator dafür, ob ich mir mein kindliches Wesen bewahrt habe oder ob es mir im Stress des Lebens verloren ging.

Anders als der Rest der Familie hatte ich kein Interesse an Sport. So erlebte ich weniger als meine Geschwister die Verbindung, die durch das gemeinsame Joggen oder Tennisspielen entstand. Häufig vermisste ich das Verständnis für meine Themen und Fragen. Vieles machte ich mit mir alleine aus oder mit Freundinnen oder im Gebet.

In meinen Zwanzigern verbrachte ich viel Zeit damit, die innere Einsamkeit meiner Teenagerjahre zu betrauern und aufzuarbeiten – bis die besagten Worte in mein Herz fielen: »Es wird Zeit, dass wir aufhören, uns über die Schwächen unserer Eltern zu beklagen, und stattdessen Eltern für die nächste Generation werden.«

Ein Satz. Ein Wendepunkt. Natürlich gab es weiterhin Situationen und Erinnerungen, die alten Frust heraufbeschworen. Doch der Fokus lag nicht länger auf dem, was ich vermisste, sondern auf dem, was ich geben konnte.

Jüngeren Menschen Inspiration, Rat und Halt zu geben lag mir schon immer. Als Teenager hatte ich in der Schule den Spitznamen »das Huhn«, weil sich nach Schulschluss regelmäßig jüngere Mitschüler um die zwei Hähne Frank und Willi und mich scharten und uns um Rat fragten. Obwohl ich nur etwa zehn Minuten von der Schule entfernt wohnte, kam ich oft zu spät zum Mittagessen. Statt nach Hause zu gehen, blieb ich lieber so lange bei den anderen sitzen, bis der letzte Schulbus abgefahren war. Ich hörte zu, gab Rat, tröstete und war dort – ebenso wie in der Jugendarbeit einer Kirchengemeinde – voll in meinem Element. Ich fand, dass es Wichtigeres im Leben gab, als pünktlich zum Essen zu Hause zu sein.

Bis heute sind Gespräche mit Menschen für mich wichtiger als Essen – sosehr ich auch das genieße. Ein Freund beobachtete einmal, wie ich die Umgebung komplett ausblende, wenn ich in ein Gespräch vertieft bin: »Du hast meinem Bruder beim Essen so intensiv zugehört, dass du alles andere vergessen hast. Du hattest ein Salatblatt auf deiner Gabel, und ich habe mich die ganze Zeit gefragt, wann du es wohl wieder bemerken und den Salat weiteressen würdest. Es war nach über 40 Minuten!«

Damit kein falsches Bild entsteht: Ich bin keine klassische Seelsorgetante, und von Mutter Teresa fühlte ich mich oft ähnlich weit entfernt wie von Bruce Willis. Ich gehöre eher in die Kategorie Mensch, der Potenziale in anderen sieht und dann mit allen Mitteln fördern will. Wenn es nötig ist, sprenge ich auch mal gerne ein paar Hindernisse aus dem Weg. Her mit dem Dynamit. Am liebsten in Form von Gedanken aufsprengenden Coaching-Fragen: »Mal angenommen, du müsstest dein Problem verschlimmern, wie könntest du das bestmöglich bewerkstelligen?« Oder: »Stell dir mal vor, Angela Merkel, Pippi Langstrumpf, Barack Obama oder Mahatma Gandhi stünden vor deinem Problem – wie würden sie es wohl angehen?« Oder – eine meiner Lieblingsfragen: »Stell dir vor, du hast dein Problem schon gelöst – wie hast du es gemacht?«

Ich greife vor. Diese Coaching-Fragen habe ich erst gelernt, als ich schon um die 40 war – also etwa zehn Jahre nach der bewussten Entscheidung, schwerpunktmäßig mehr in jüngere Menschen zu investieren.

Das Natürlichste für mich damals war, erst einmal mein Haus zu öffnen. Haus ist eigentlich übertrieben. Es handelte sich um eine Dreizimmerwohnung in Berlin-Friedenau. Das ist ein ab 1870 erbauter, beschaulicher Stadtteil Berlins, der geprägt ist durch Kunst und Literatur. An warmen Sommertagen konnte ich den würzigen Rauch der Pfeife von Günter Grass erschnuppern, der auf meinem Weg zu meinem Samstagsmarkt wohnte. Dorthin ging ich meist erst kurz vor Schluss, weil dann die Chancen gut standen, vier Schalen Erdbeeren für fünf Euro und einen armgroßen Blumenstrauß zum gleichen Preis zu ergattern.

Immer öfter teilte ich mein Obst und die Blumen mit jungen Menschen, die für ein paar Tage oder Wochen bei mir wohnten. Manche kamen einfach nur, weil sie Berlin und mich besser kennenlernen wollten, andere, weil sie sich danach sehnten, Orientierung im Leben zu finden, und hofften, dass ich ihnen dabei helfen könnte.

So wie Katharina und ihre Freundinnen. Eines Abends erhielt ich einen Anruf von der jungen Frau:»In meiner WG gibt es Probleme. Kann ich zu dir kommen?« –»Klar!« –»Es gibt noch ein Problem: Ich habe gerade drei Freundinnen zu Besuch.« –»Ist schon okay. Bring sie mit.«

Ich gab den vieren mein Schlafzimmer und zog wie so oft selbst auf eine Matratze ins Büro. Nach ein paar Tagen konnte ich fast darauf wetten: Wann immer ich in die Küche ging, um mir einen Tee zu kochen, würde eine von ihnen dazukommen und ein Gespräch mit den Worten beginnen:»Sag mal, Kerstin, was würdest du machen, wenn …?«

So gut ich konnte, beantwortete ich ihre Fragen und genoss ihr Vertrauen. Nach dem Abschied freute ich mich über die schöne Erfahrung, jungen Frauen offensichtlich auf so schlichte Weise etwas Kraft und Halt im Leben gegeben zu haben.

RAUMWIND

Oder: Wie man die Chance, einen Traum zu
leben, gründlich verpasst und wie er dann ganz unver-
hofft anders wieder um die Ecke kommt.

F ünf Zimmer mit fünf Balkonen im Herzen von Berlin.«
Die Immobilienanzeige im Schaufenster einer Bank zog
mich magisch an. Ich verfüge über ein gutes Maß an Improvi-
sationstalent, doch im Lauf der letzten Jahre war es auch für
mich beschwerlicher geworden,
Gäste länger zu beherbergen.

Ihr aber seht und sagt: Warum?

Aber ich träume und sage:

Warum nicht?

George Bernard Shaw

Mein Schlafzimmer, das ich
Gästen gerne zur Verfügung stellte, lag hinter dem Wohnzimmer,
das – typisch Berlin – ein Durch-
gangszimmer war. Ich beginne den Morgen gern auf dem
Sofa mit einer Tasse Kaffee, Reflexion und Gebet und kam
nur schwer zur Ruhe, wenn Gäste auf dem Weg zur Küche,
nach draußen oder zum Badezimmer ständig an mir vorbei-
liefen.

Auch das Badezimmer stellte einen Engpass dar. Es gab
Zeiten, in denen Sauberkeitsfanatiker gefühlte Stunden hinter
der verschlossenen Tür verbrachten, während die anderen
Gäste und ich darauf warteten, endlich zur Toilette zu können. Eine kleine Küche, die nicht einmal Platz für einen Tisch
bot, war auch nicht ideal, um mehrere Gäste zu beherbergen.
So begann ich davon zu träumen, eine größere Wohnung zu

finden, mit Bad und separatem WC, großer Küche und einem eigenen Zimmer für Gäste. Da ich mittlerweile neben meiner Tätigkeit als Autorin und Verlegerin auch als Coach arbeitete, benötigte ich außerdem ein großes Büro oder einen separaten Beratungsraum. Außerdem wünschte ich mir ein Wohnzimmer, das groß genug für Seminare war. Hell sollte es sein. Und natürlich mit Weitblick und Balkon. Das brauche ich, um den Himmel zu sehen.

Wie erstarrt blickte ich auf die Anzeige im Schaufenster der Bank: Hier lächelte mich die eierlegende Wollmilchsau an: »Mich gibt es wirklich. Ein 30 Quadratmeter großes Wohnzimmer, drei Schlafzimmer, ein Büro, ein weiterer kleiner Raum (Beratungsraum!) mit separatem Eingang. Außerdem Balkone vor Küche, Wohnzimmer und zwei Schlafzimmern. Im Zentrum Berlins – fünf Minuten Fußweg vom Galerienviertel und der Synagoge in der Oranienburger Straße entfernt.

Ich verliebte mich auf der Stelle in diese Wohnung und gleich noch einmal, als ich sie sah. Das war genau das, wovon ich immer geträumt hatte – nur besser. Zwei moderne, mit blau schimmernden Fliesen ausgestattete Bäder, ein WC, eine riesige Wohnküche mit Blick zum Fernsehturm. Ein Wohnzimmer, das groß genug war zum Tanzen und für Seminare. Nicht nur ein, sondern sogar zwei Gästezimmer und ein separater Eingang zum Beratungsraum. Was will man mehr? Nichts.

Weil die Wohnung im fünften Stock ohne Aufzug lag, kostete das Prachtstück »nur« 400 000 Euro für 180 herrliche Quadratmeter über den Dächern Berlins. 400 000 Euro, die ich nicht hatte. Meine kleine Firma warf in guten Zeiten gerade genug zum Leben ab. In schlechten Zeiten nicht einmal das.

Doch der Haken saß. Die Wohnung war der absolute Traum. Also entwickelte ich ein Konzept zur Nutzung für Schulungen, Seminare und Trainings für junge Menschen. Ich stellte bei einer Stiftung einen Antrag auf Unterstützung für das Projekt – erfolglos. Ich war zu feige, meine Eltern um ein Darlehn oder eine Hypothek auf ihr Haus zu bitten, um die Wohnung zu erwerben. Heute bedauere ich das – bei den jetzigen Immobilienpreisen wäre die Wohnung nun locker das Vierfache wert. Es wäre also sogar eine sehr gute Geldanlage gewesen.

Neun Monate lang hegte ich den Wunsch, die Wohnung doch irgendwie zu bekommen und meinen Traum, dort Menschen zu fördern, noch besser als bisher umsetzen zu können. Doch ich träumte nur. Aus Feigheit oder fehlendem Vertrauen handelte ich nicht. Als eines Tages die Anzeige nicht mehr im Fenster der Bank zu sehen war, rief ich den Verkäufer an: »Sie liegen mit Ihrer Vermutung richtig – die Wohnung ist nicht mehr erhältlich. Sie wurde an ein junges Ehepaar verkauft.«

Ich heulte wie ein Schlosshund – eine ganze Woche lang. Es fühlte sich an, als ob ein Kind gestorben sei. In der verrückten Hoffnung, dass es doch noch eine Neuauflage des Traumes geben könnte, klingelte ich eines Nachmittags bei den Käufern. Atemlos vom Treppensteigen bis in den fünften Stock und nervös vor Aufregung platzte es aus mir heraus: »Eigentlich wollte ich diese Wohnung haben, aber ich habe es verpasst. Falls Sie jemals verkaufen wollten, lassen Sie es mich bitte wissen.«

Peinlich berührt durch den unerwarteten Überfall nahm der Mann meine Visitenkarte entgegen und erklärte, sie wollten die Wohnung nicht verkaufen. Wohl um die verrückte

Frau an seiner Tür schnell wieder loszuwerden, versprach er, sich zu melden, falls sie doch verkaufen würden. Ich hörte nie wieder etwas von ihnen. Der Traum war geplatzt.

Gelegenheiten muss man mutig ergreifen, wenn sie sich bieten. Im Nachhinein sind wir alle Genies und wissen: Das hätte ich machen sollen. Die Kunst ist es, etwas genau dann zu tun, wenn es dran ist. Träume und Risiken abwägen. Dann mutig entscheiden. So wie Ritter, die überlegen mussten, ob sie aufgeben, sich verstecken oder den Feind direkt angreifen und dafür das Schwert aus der Scheide ziehen sollten – entschieden eben.

Die Gelegenheit zu entscheiden hatte ich gründlich verpasst. Doch Aufgeben ist nicht so mein Ding – bei echten Träumen schon gar nicht. Bei Ideen ist das anders. Ideen für meinen Verlag, meine Freizeit oder die Erweiterung meines Wissens habe ich viele – in der Regel weit mehr, als ich umsetzen kann. Die Liste der Titel für Bücher und Ratgeber, die ich gerne schreiben oder publizieren möchte, ist aktuell zarte 19 Seiten lang.

Ein kreatives Gehirn produziert ständig Ideen. Gelegentlich bedaure ich, dass ich sie aus Zeit-, Energie- und Geldmangel nicht alle umsetzen kann. Dann tröste ich mich selbst: Ideen sind wie Männer. Ich kann viele attraktiv finden, aber nur einen heiraten. Polygamie führt im Leben, wie auch bei Ideen, zu Chaos.

Ideen kann ich fallen lassen. Träume nicht. Sie sind, anders als Ideen, nicht optional. Einen echten Lebenstraum definiere ich als etwas, das mir zutiefst entspricht, Ausdruck meines Wesens, meiner Talente, meiner tiefsten Wünsche ist. Wenn ich mir treu sein will, gehört es dazu, meine Träume umzusetzen, so gut ich kann.

Wenn ich die Torte nicht haben kann, versuche ich wenigstens kleine Brötchen zu backen, dachte ich mir in Bezug auf meinen Wohnungstraum. Wenn ich die große Traumwohnung schon verpasst habe, ist vielleicht etwas Kleineres möglich. Ich suchte weiter, zwar mit vermindertem Enthusiasmus, doch ich war nach wie vor optimistisch.

Schließlich wurde ich direkt vor meiner Nase fündig: Schräg über meiner Altbauwohnung befand sich ein ungenutzter Dachboden. Früher hatte man den Raum zum Aufhängen von Wäsche genutzt. Jetzt befanden sich darin nur ein paar Gartenstühle, Blumentöpfe, alte Tische und Dachziegel, die Bewohner dort abgestellt hatten. Und fünf Tonnen Bücher meines Verlags, die nicht in mein drei mal drei Meter kleines Büro passten.

Der Raum war nicht groß, aber ausreichend für eine kleine Gästewohnung mit Wohnschlafzimmer, Küchenecke und Dusche. Durch die vielen steilen Schrägen war er für Seminare eher ungeeignet, aber immerhin – ein Ort, an dem meine Gäste wohnen, duschen, denken, reflektieren könnten. Das war nicht mehr der große Traum, eher ein auf das Machbare zurückgestutztes kleines Träumchen. Aber zumindest waren einige Elemente des großen Traumes noch darin enthalten.

Ob es richtig war, den großen Traum aufzugeben und stattdessen die machbare Option zu wählen, kann ich auch im Rückblick nicht sagen. Was ist schon richtig? Die Kategorie, nach der ich Entscheidungen beurteile, heißt »Leben«. Ich frage mich: Spendet eine Entscheidung Leben oder schränkt sie Leben und Lebendigkeit ein?

Für manche Menschen ist es belebender, das Machbare anzupacken, als das scheinbar Unmögliche zu wagen. Mich hingegen beleben Herausforderungen. Wenn etwas verrückt und unmöglich scheint, weckt es meine Lebensgeister. Mein Ideenreichtum und meine Fantasie werden angeregt. Ich fühle mich zutiefst lebendig.

Die kleinere Variante war deshalb für mich nicht halb so ansprechend wie der große Traum. Dennoch holte ich Angebote für den Ausbau ein. 40 000 Euro Minimum – eine ziemliche Stange Geld. Immer noch weit mehr, als ich mir leisten konnte, aber wesentlich weniger, als ich für die Traumwohnung hätte zahlen müssen.

Das größte Risiko bestand in der Sanierung der Dachbalken, die durch eindringendes Wasser morsch geworden waren: »Wenn Sie Glück haben, reicht eine Imprägnierung mit Holzschutzmittel. Wenn Sie Pech haben, muss ein Spezialkran die alten Balken entfernen – das kann locker Zehntausende Euro kosten.«

Zum Verrücktsein gehört immer auch eine Portion Optimismus, Also wagte ich es trotz des Risikos. Ich fragte die 22 Eigentümer der Gemeinschaftsimmobilie, ob ich den ungenutzten Dachboden erwerben und ausbauen könnte. Die Chancen standen gut – aufgrund neuer Wärmeschutzbestimmungen stand eine Sanierung des Dachbodens an, die die Eigentümer auf jeden Fall Tausende Euro kosten würde.

Meine Logik: Vermutlich bekamen sie lieber Geld von mir, als welches auszugeben.

Damit hatte ich recht. Bei 21 Menschen. Eigentümer Nr. 22 weigerte sich kategorisch, da ihm mein Angebot zu niedrig schien. Er verlangte ein Mehrfaches der Summe, die im Rahmen meiner Möglichkeiten war.

»Ich mach da nicht mit!«, erklärte er im Blick auf mein Angebot stur und entschlossen. Da Verkäufe von Gemeinschaftseigentum einstimmig beschlossen werden müssen, war dies das endgültige Aus. Er trat so resolut auf, dass niemand wagte, ihm zu widersprechen – obwohl alle nun die Kosten für die Wärmesanierung teilen mussten. Mein Traum war geplatzt. Wieder einmal.

Diesmal dachte ich: Jetzt ist es für immer aus. Nachdem ich schon durch meine Zaghaftigkeit die Chance auf eine Traumwohnung hatte vorübergehen lassen, war nun auch noch das aufs Machbare zurechtgestutzte Träumchen gescheitert. In meiner Seele war nach drei Jahren voller Hoffnung und Enttäuschung keine Kraft mehr, es nochmals zu wagen. Dachte ich.

Ich hatte die Kraft von echten Träumen unterschätzt, die sich dem Sterben verweigern, sondern stattdessen wie Samen lange Zeit unter der Oberfläche schlummern, um dann zur rechten Zeit wieder aufzutauchen.

AUFWIND

Oder: Wie ich beim Brötchenschmieren
unerwartet auf die Antwort zu einer Frage
stieß, die ich gar nicht gestellt hatte.

November 2011. Italiener sind ja nicht gerade für ihr Orga-
nisationstalent berühmt. Es gibt jede Menge Witze darü-
ber. Zum Beispiel diesen: Was ist der Unterschied zwischen
Himmel und Hölle? Im Himmel kochen die Franzosen, die
Italiener sorgen für Geselligkeit, die
Engländer machen den Tee, und die *Die Normalität ist*
Deutschen organisieren. Und in der *eine gepflasterte Straße;*
Hölle: Da kochen die Engländer, die *man kann gut darauf*
Deutschen sorgen für Geselligkeit, die *gehen – doch es wachsen*
Franzosen machen den Tee, und die *keine Blumen auf ihr.*
Italiener organisieren. *Vincent van Gogh*
   So schlimm ist es in der Realität
nicht immer – aber manchmal. Etwa als ich mich für eine Wo-
che der Stille und Reflexion in ein Gästehaus in der Nähe von
Assisi zurückziehen wollte. Das alte Gemäuer in den sanften
Hügeln der Toskana schien mir der richtige Ort für eine solche Auszeit zu sein. Ich hatte mit der italienischen Leiterin
schon im Sommer alles verbindlich vereinbart. Anfang November erhielt ich dann die Mail:»Es tut mir leid, dir mittei-
len zu müssen, dass du nicht kommen kannst. Unser Gästehaus ist im November gar nicht geöffnet. Daran hatte ich bei
deiner Buchung nicht gedacht.« Oh, Mama Mia.

Um Zeit und Reisekosten zu sparen, hatte ich geplant, direkt im Anschluss an diese Woche eine potenzielle Autorin in München zu treffen. Sie war Expertin für eine Methode, mit der man schmerzhafte Erlebnisse nachhaltig auflösen konnte. Wir wollten besprechen, ob und wie das in das Programm meines Ratgeber- und Lebenshilfe-Verlags passen könnte. Ich entschied mich, den Termin beizubehalten. Geplant war geplant.

Das sollte sich als eine der folgenreichsten Entscheidungen meines Lebens herausstellen. Dies lag nicht an der geplanten Kooperation – alle angedachten Projekte scheiterten, da die Organisation, für die sie arbeitete, alle Inhalte nur im Eigenverlag publizieren wollte. Dafür hatte sich die Reise also nicht gelohnt.

Für eine Begegnung am Frühstückstisch aber reichte es. Weil die Autorin mit mir beschäftigt war, hatte ihr Mann einen alten Freund eingeladen, den er schon lange nicht mehr gesehen hatte. Beim gemeinsamen Frühstück fragte die Autorin den Besucher: »Was macht eigentlich der Franz?« – »Ach, der Franz, der lebt jetzt in Berlin. Er baut für einen Spottpreis Schrottkräne zu Hausbooten um.«

Wie bitte? Hausboote? Mir fiel das Messer, mit dem ich gerade ein Brötchen bestrich, fast aus der Hand. Da war doch letztens schon was! Vor ein paar Tagen hatte ich nach Feierabend das dringende Bedürfnis verspürt, noch in ein Café zu gehen. Es wirkte fast so, als ob ich von außen dazu gedrängt würde. So etwas passiert mir gelegentlich: Da ist dann plötzlich der Impuls, einen Menschen anzurufen oder eine bestimmte Wegstrecke zu gehen. Im Nachhinein stellt sich das oft als genau das Richtige heraus.

Ich habe mir angewöhnt, auf derartige Impulse einzugehen. Weil ich darauf vertraue, dass ein guter Gott mich führt. Auch oder vielleicht weil ich meist nicht voraussagen kann, wohin die Impulse mich führen werden. An besagtem Nachmittag führten sie mich zu einer Latte macchiato und einer Zeit des genüsslichen Blätterns in einer Wohnzeitschrift. Ich blieb an einem Artikel über Hamburger Hausboote in einem Seitenarm der Elbe hängen. Die Bilder und Berichte sprachen für sich. Am Wasser zu wohnen und direkt vor der Haustür ins Kajak zu steigen und loszupaddeln – wie wunderbar! So zu leben – das wäre der absolute Traum!

Ich hatte mich schon immer danach gesehnt, am Wasser zu wohnen. Berge finde ich okay, aber sie berühren mein Herz nicht. Wasser hingegen hat auf mich eine zugleich beruhigende und belebende Wirkung. Es erreicht Schichten meiner Seele, die kaum etwas anderes so tief berühren kann.

Das war schon immer so. Meine Mutter erzählt, dass sie mich als Kind im Urlaub mit blauen Lippen regelrecht aus dem Wasser ziehen mussten. Bibbernd protestierte ich stets: »Mirrrrrr issstt nicht kalt.« Doch ich musste an Land bleiben, bis ich mich ausreichend aufgewärmt hatte.

Später war ich im Schwimmverein und gar nicht so schlecht im schnellen Schwimmen. Ich wählte dann aber, weil die grazilen Wasserballett-Damen mich so beeindruckten, Synchronschwimmen als meinen Sport. Ein Fehler. Gegensätze ziehen sich bekanntlich an – und mich faszinierte hier das Zeitlupenhafte.

Doch ich bin wohl nicht für langsame Bewegungen geschaffen. Eher für volles Tempo mit Unterstützung von Hilfsmitteln: Seifenkisten, Schlittschuhe, Skier, Kajaks und Liegefahrräder – das liegt mir. Selbst meine Bücher schreibe ich größtenteils nicht im Sitzen, sondern gemäßigt gehend auf einem Laufband.

Ballett – egal ob zu Wasser oder zu Lande – ist nicht so meins. Immerhin ist mir aus dieser Zeit der Trick erhalten geblieben, auf dem Rücken im Wasser liegend ein Bein in die Luft zu strecken. Damit kann man durchaus andere beeindrucken, die bei dem Versuch, es nachzumachen, gnadenlos absaufen.

Wasser, Weite, Himmel: Ein Leben auf einem Hausboot – ich kam ins Träumen. Direkt *auf* dem Wasser leben, sanft geschaukelt von den Wellen, das ist ja noch viel besser als *am* Wasser. Auf einem Schiff leben – das wäre das Beste von allem.

Mit dem Kaffee in der Hand las ich die Details. In dem Artikel war auch die Bausumme für die Hausboote genannt worden – 300 000 Euro. Ich war es müde, nicht erfüllbaren Träumen nachzuhängen. Und so schloss ich, als ich das Magazin zurück auf den Stapel legte und das Café verließ, auch den schönen, kurzen Traum vom Hausboot ab. Dachte ich.

Unbemerkt muss mir der Traum auf leisen Sohlen doch gefolgt sein. Denn als der Bekannte meiner Freunde beim Frühstück plötzlich von dem Berliner Bootsbauer sprach, wurden ich und der Traum in mir wieder hellwach. Der Traum ließ sich nicht mehr abschütteln: Was wäre, wenn ich den Traum, Raum für Menschen zu schaffen, die Perspektiven suchten, auf dem Wasser verwirklichen würde? Morgens an Deck Kaffee trinken. Bei sanftem Schaukeln Gespräche führen. Zur Ruhe kommen. Neues sehen.

Seit dem denkwürdigen Moment im neonbeleuchteten Raum war der ursprüngliche Traum weiter gewachsen. So träumte ich nach wie vor davon, jungen Menschen einen Ort zu bieten, an dem sie Orientierung und Perspektiven finden könnten.

Doch ich hatte zwischenzeitlich eine Reihe von Menschen kennengelernt, die nach einer Krise nicht wieder richtig ins Leben zurückgefunden hatten. Das bewegte mich sehr. Auch solchen Menschen, denen das Leben den Boden unter den Füßen weggezogen hatte, wollte ich es ermöglichen, wieder zu sich und zum Leben zu finden.

Das war zwar ambitioniert, aber nicht unrealistisch. In einer Reihe von soliden mehrjährigen Coaching-Ausbildungen hatte ich mir das Handwerkszeug angeeignet, um Menschen auch professionell bei der Bewältigung von Krisen unterstützen zu können.

Jetzt stand ich vor der gleichen herausfordernden Frage, vor die ich in den nächsten Jahren viele andere Menschen stellen würde: Willst du im Schmerz deiner Enttäuschung über geplatzte Träume und Hoffnungen stecken bleiben oder das Leben – mit allen Höhen und Tiefen – neu wagen?

Es dauerte fast sechs Wochen, bis ich genug Mut fand, Franz anzurufen: »Ich habe gehört, du baust Schiffe um. Ich überlege, ein altes Schiff zu einem Haus- und Seminarboot umzubauen, zu einem Ort, an dem Menschen zu sich finden können, die sich sortieren wollen. Wenn ich das mache, würdest du mir helfen?«

»Du schbinnst ja total!«, antwortete Franz im breitesten Dialekt: »Jeder, der a Schiff umbaut, muss a bisserl verrückt sein.«

Sechs Monate später hörte ich, wie er seine Variante der Geschichte einer Redakteurin eines Hamburger Rundfunksenders erzählte. Franz war in einer gläubigen Familie aufgewachsen, kehrte dann aber irgendwann bewusst dem christlichen Glauben den Rücken zu. Obwohl er ahnte, dass seine Lebensaufgabe darin bestand, Menschen durch Kunst, Geborgenheit und Lehre etwas zu vermitteln, wollte er lieber das große Geld machen.

Mit einer Mischung aus Intelligenz und der Fähigkeit, andere Menschen für sich zu gewinnen, wurde er im Ausland ziemlich erfolgreich. Er machte seine erste Million, konsumierte aber dummerweise Drogen, um den Stress zu kompensieren. Weil ein zugekifftes Hirn nicht gut denken kann, verlor er durch Fehlentscheidungen sein Vermögen bald wieder. Zurück in der alten Heimat, renovierte er mit einem Kumpel ein altes Boot, um es dann zu verkaufen. Er fand eine neue Leidenschaft und einen neuen Beruf.

Sieben Jahre nachdem er bewusst Gott den Rücken zugekehrt hatte, wurde ihm langsam bewusst, dass ihm die Verankerung fehlte, die ihm früher der Glaube gegeben hatte. Ihm wurde klar: Ein Boot ohne Anker kommt zwar auch voran, ist aber in Stürmen nicht sicher. So betete er zum ersten Mal seit langen Jahren – wie immer im Dialekt: »Herr, hier bin I. Wenn du mogst, dann red zu mir!«

Direkt danach vernahm er in seinem Inneren die Worte: »Bau mir 'ne Arche!« Seine spontane Antwort: »Schbinnst du? Da redn wir siebn Johr net mitanander, und dann sagst du so an Scheiß?!«

Drei Tage später, als er noch versuchte, sich einen Reim auf das denkwürdige Erlebnis zu machen, rief ich ihn an. Ich erzählte ihm von meinem Traum, einen Ort für Menschen zu bauen, die sich nach Orientierung sehnen, und fragte ihn, ob er mitmachen würde. Er zählte erst alles auf, was ein Schiffsbau an emotionalen und finanziellen Kosten mit sich bringen würde. Dann sagte er »Ja« – er würde die Arche bauen. Für mich und für seinen Gott. Der Rest ist, wie man so schön sagt, Geschichte. Jetzt galt es nur noch, das richtige Schiff zu finden.

ATEMWOLKEN

Oder: Wie ich bei Ebay einen Schrottkahn entdeckte,
der mich vor die größte Entscheidung meines Lebens
stellte.

L iebe auf den ersten Blick geht anders. An einem eisig kalten Februarmorgen stand ich auf einer Brücke im Hamburger Hafen und sah die MS, also das »Motor Ship« Triton
zum ersten Mal. Hmmm. Okay. Keine spontanen Herzensre-
gungen, auch nicht das Empfin-
den: »Wir gehören zusammen.«

Willst du ein Schiff bauen, so
rufe nicht Menschen zusammen,
um Pläne zu machen,
Arbeit zu verteilen,
Werkzeuge zu holen und
Holz zu schlagen,
sondern lehre sie die Sehnsucht
nach dem großen, endlosen
Meer.

Antoine de Saint-Exupéry

Wo hatte ich das Schiff überhaupt gefunden? Weil ich die
einschlägigen Seiten zum An-
und Verkauf von Schiffen noch
nicht kannte, hatte ich mit meiner Suche da angefangen, wo ich
immer nach ungewöhnlichen
Dingen suche – bei Ebay. Dort
hatte ich schon ein zweites Exemplar meines Lieblingsmantels
gefunden, nachdem der erste zerschlissen war, außerdem Ba-
kelit-Schmuck und den einen oder anderen Haushalts-
gegenstand.

Ich gab also »Schiff« in die Suchmaske ein. Schon beim
zweiten Klick entdeckte ich ein ehemaliges Fahrgastschiff der
Weißen Flotte Stralsund, das wie für meine Zwecke gemacht

schien. Es hatte all das, was ich wollte: einen großen Raum, der sich als Wohnküche eignen würde. Einen weiteren, der groß genug für Seminare mit bis zu zwanzig Personen war. Dazu ein Steuerhaus, in dem ein kleiner Schreibtisch Platz finden konnte.

Unter Deck war viel Platz für Schlaf- und Gästezimmer. Anders als die großen Schuten – die Transportkähne, die oft nur ein einziges Deck haben – verfügte die MS Triton über mehrere Außendecks. Es gab ein großes, das genug Platz für viele Gäste bot, und ein kleines, das für mich Rückzugsraum werden könnte, der für meine innere Balance so wichtig ist. Ich liebe es, mit Menschen Zeit zu verbringen. Doch ich brauche Zeiten der Stille, Meditation und Reflexion, um Kraft für Begegnung zu tanken. Viele der großen Frachtschiffe und Schuten hatten nur ein Außendeck, boten also keinen Rückzugsraum.

Die MS Triton verfügte sogar über ein tiefer gelegenes zwei mal ein Meter kleines Mini-Deck, das ich »Ehe-Deck« taufte. Die augenzwinkernde Idee dahinter: Paare werden dorthin geschickt und dürfen erst wieder nach oben kommen, wenn sie ihre Beziehungsthemen geklärt haben. Es soll dort Skelette geben…

Spaß beiseite: Die MS Triton schien genau das zu sein, was ich brauchte. Und mit 25 000 Euro war der Verkaufspreis nicht allzu weit von meinen Möglichkeiten entfernt. Doch als ich durch meine eigenen winterkalten Atemwolken einen Blick auf das Schiff im Hafen von Hamburg-Harburg warf, löste es keine spontane Begeisterung aus. Eine große Plane bedeckte das Dach und einen Teil der Fenster, um das Eindringen von Wasser zu verhindern. Einige der wunderschönen, großen Panoramafenster waren durch Kunststoffplatten ersetzt worden, um Möbel an die Wände stellen zu können. Die weiße Außenhaut zeigte überall Spuren von Dreck und Rost. Besonders einladend wirkte das Schiff nicht.

Am Eingang hing ein riesiges Schild:»Hier wird gebaut. Jeden Tag ein bisschen schöner!« Doch obwohl die Besitzer Erich und Hildegard schon sieben Jahre in Besitz des Schiffes waren, konnte man auch im Inneren nicht erkennen, was sie dort in Richtung Schönheit verändert hatten. Die Wände des 1953 erbauten Schiffes bestanden aus blankem, stellenweise mit Rost überzogenem Stahl.

Noch schlimmer als die rauen Wände war für mich, dass die Besitzer, die mich und meinen langjährigen Freund Menno warm und freundlich begrüßten, zur Kategorie»Jäger und Sammler« zu gehören schienen. Es gab nur wenige Freiflächen, ansonsten war das Schiff über und über voll mit Sachen, um nicht zu sagen Gerümpel. Ich dagegen liebe es minimalistisch, und zu den großen Zielen in meinem Leben gehört es, nur Dinge um mich zu haben, die ich aktiv gebrauche oder aufgrund ihrer Ästhetik oder Geschichte liebe.

Erich und Hildegard schienen eine andere Philosophie zu haben. Neben Werkzeug und Baumaterial sah ich einen kaputten Kompressor, Hunderte von Kisten und Schachteln, leere Kartoffelsalatbehälter, die mit Schrauben und Gewinden gefüllt waren, Taue und Töpfe. Alles war durch die lange Zeit an Bord mit einer klebrigen Schicht aus Staub und Öl überzogen. Das Paar hatte geplant, das Schiff als Alterswohnsitz zu nutzen, doch da Hildegard Probleme mit den Knien bekam, war an ein Leben auf einem zweistöckigen Schiff nicht mehr zu denken.

Das war die Geschichte, die sie mir erzählten. Im Hafen kursierten andere Varianten. Was jedoch selbst für mich offensichtlich war: Sie würden bei ihrer aktuellen Baugeschwindigkeit noch Jahrzehnte brauchen, um das Schiff fertigzustellen.

Erich hielt sich selbst für einen guten Handwerker, doch im Lauf der Bauzeit entwickelte sich an Bord eine absteigende Kette der Wertschätzung: Bootsbauer Franz schimpfte über die Arbeiten, die Erich aus seiner Sicht laienhaft ausgeführt hatte. Helge, der spätere Bootsbauer Nr. 2, wiederum kritisierte die Arbeiten von Franz für ihren Mangel an fachmännischer Ausführung. Ich selbst lernte erst im Lauf der Jahre, die Qualität handwerklicher Arbeit zu beurteilen. Damals sah ich nur ein altes, kaputtes Schiff mit Potenzial.

Ich bin Visionärin, der es leichtfällt, Schätze und Möglichkeiten in Menschen und Dingen zu sehen. Doch die erste halbe Stunde an Bord versperrte mir all das Zeug den Blick auf die Räume und die Möglichkeiten des Schiffes. Unter Deck war alles so vollgestellt, dass selbst ich als schlanke Frau kaum durchkam, die Männer mussten sich zum Teil seitlich durchzwängen.

Klar hielt ich mich für fähig, das architektonische Potenzial eines Schiffes zu erkennen und zu beurteilen, ob es für meine Zwecke geeignet wäre. Doch vom technischen Aufbau eines Schiffes hatte ich ähnlich wenig Ahnung wie von Computercodes – knapp über null.

Ich konnte die Substanz des Schiffes nicht beurteilen. Ganz anders als mein Begleiter Menno, der aus einer alten niederländischen Schifferfamilie stammt.

Schon sein Großvater hatte Frachtschiffe von Basel den Rhein hoch bis in die Niederlande gefahren – zu einer Zeit, als die Stahlplatten von Schiffen noch nicht geschweißt, sondern mit Nieten verbunden waren. Weil die Nieten nicht immer stabil waren, hatte der Großvater immer mit einem Fuß auf dem Fußboden geschlafen, um einen eventuellen Wassereinbruch durch eine geborstene Niete sofort spüren zu können.

Für mich ist der Fuß am Boden ein geniales Bild, dem Leben zu vertrauen, aber auch realistisch zu wissen: Es kann auch mal schiefgehen. Maßnahmen zu ergreifen, um mögliche Krisen recht schnell zu erkennen, halte ich für sehr sinnvoll. Meine monatlichen Gebets-, Reflexions- und Planungstage sind für mich, als würde ich einen »Fuß auf den Boden stellen«: Ich überprüfe, ob mein Lebensschiff womöglich ein paar kleine Lecks hat, die mich und das, was ich tun will, gefährden. Wenn ja, kann ich sie reparieren, bevor sie größeren Schaden anrichten.

Menno war nicht nur wie sein Großvater von Kindheit an mit Rheinwasser gewaschen, sondern auch auf fast allen Ozeanen unterwegs gewesen. Er war erster Offizier auf einem wahren Traumschiff: Die »Anastasis« der Hilfsorganisation »Mercy Ships« bringt Ärzte in Gegenden, in denen medizinische Versorgung rar ist und spezielle Operationen für Klumpfüße und Hasenscharten für die meisten Menschen unerschwinglich. Die Crews der Schiffe unter Mennos Führung als erstem Offizier haben vielen Menschen den Traum von einem ganz normalen Leben erfüllt. Das, was wir für selbstverständlich halten, ist an anderen Orten der Welt ein Traum. Ich bin glücklich darüber, Freunde zu haben, die für andere Traumerfüller sind.

Mir war klar: Wenn jemand sich richtig mit Schiffen auskennt, dann er. Er fuhr von seinem Zuhause in Rotterdam nach Hamburg, um sich die MS Triton mit mir anzusehen.

Menno klopfte die Wände ab. Er kann am Klang erkennen, wie dick oder dünn der Stahl an den jeweiligen Stellen ist – faszinierend. Er unterhielt sich mit Erich über bautechnische Details, den Motor, die vorhandenen Papiere und den Stand der (Nicht-)Renovierung.

Währenddessen ging ich mehrfach still und innerlich betend durch die Räume, um ein Gefühl für das Schiff zu bekommen. Ich schaute aus den Fenstern und malte mir vor meinem inneren Auge aus, wie das Schiff gestaltet und eingerichtet werden könnte.

So gelang es mir immer mehr, durch alles Gerümpel hindurch die Möglichkeiten des Schiffes zu sehen – vielleicht auch, weil das eine Fähigkeit ist, die ich als Coach ständig brauche: hinter die Probleme auf Stärken, Berufungen und Potenziale zu sehen. Man hat keine Kraft, sein Gerümpel aus seinem Leben zu räumen, wenn man keine Vision hat, wofür.

Es war klar, dass das Schiff von Grund auf entmüllt, gesäubert, von Rost befreit und ausgebaut werden musste – aber dann … Dann! Ich sah die gemütliche Wohnküche mit den großen Fenstern, die einen weiten Blick aufs Wasser boten, schon vor mir. Ich konnte mir vorstellen, wie die Menschen im Seminarraum gefesselt zuhörten oder auch mal den Blick übers Wasser schweifen lassen würden, das sich nur knapp unter der Fensterfront befand.

Im Steuerhaus könnte mein Mini-Büro untergebracht werden. Unter Deck würde es richtig gemütlich werden. Da war genug Platz für drei Schlafzimmer – zwei für Gäste, eines für mich. Die Vision nahm Gestalt an und begann mich zu begeistern. Mein Bauch sagte »Ja«.

Bevor wir durchgefroren von Bord gingen, nahm Hildegard mich zur Seite: »Das, was du mit dem Schiff vorhast, gefällt mir. Wir würden es dir deshalb für nur 15 000 Euro verkaufen.« – »Oh. Danke!«

Blieb nur noch die Frage, ob das Schiff auch von der Substanz her geeignet war. »Was meinst du?«, fragte ich Menno, als wir in einem warmen italienischen Lokal saßen. »Die Substanz der Räume, die ich gesehen habe, ist gut. Aber das, was Erich über den Motor erzählt hat, den man nur wieder anschmeißen muss, glaube ich nicht! Ein Schiffsmotor voller Schmieröl, der sieben Jahre nicht gearbeitet hat, ist ohne teure Sanierung nicht mehr zu gebrauchen. Außerdem fehlen die Steuerung und die Antriebswelle. Alle Anschlüsse sind DDR-Norm, dafür kriegst du keine Ersatzteile mehr. Das Schiff wieder fahrtüchtig zu machen dürfte sehr teuer werden. Aber für einen Lieger, also ein Schiff, das nicht mehr fährt, ist der Preis in Ordnung. Es gibt natürlich besser erhaltene Schiffe als die Triton, aber die kosten auch sehr viel mehr. Wenn es dir gefällt…«

Wie froh war ich, einen Fachmann an meiner Seite zu haben, der mir die Sicherheit gab, die ich brauchte. Später sah Franz sich das Schiff ebenfalls an. Er kam zum gleichen Urteil: »Dort, wo ich hinkam und prüfen konnte, war – bis auf ein Loch – der Stahl in gutem Zustand.« Erst später sollte sich herausstellen, dass »wo ich hinkam« eben nicht das ganze Schiff war. Doch bis wir das bemerkten, sollte noch viel Wasser die Elbe hinunterfließen.

WINDSBRAUT

Oder: Wie man eine Entscheidung trifft, wenn man nicht weiß, was kommen wird – was praktisch immer der Fall ist.

April 2012. Die Entscheidung für oder gegen den Kauf war noch nicht gefallen. Erst einmal wollte ich mir einen Überblick darüber verschaffen, was das Projekt mich insgesamt an Zeit, Energie und Geld kosten würde. Franz schätzte nach der Besichtigung eine Bauzeit von zwei Jahren. Er sagte mir zu, das Schiff in dieser Zeitspanne zu einem Festpreis fertigzustellen: »Du bekommst es zu dem Preis – das verspreche ich dir –, und wenn es mich mein letztes Hemd kosten würde.«

Damit war der Rahmen klar gesteckt. Jetzt musste ich mich »nur« noch entscheiden. Würde ich mutig oder verrückt genug sein, das Schiff zu kaufen und umzubauen? Würde ich aufs Wasser gehen oder nicht?

Nicht das Beliebige, sondern das Rechte tun und wagen, nicht im Möglichen schweben, das Wirkliche tapfer ergreifen, nicht in der Flucht der Gedanken, allein in der Tat ist die Freiheit.

Dietrich Bonhoeffer

Mir gefielen die Größe, die Raumaufteilung und die Möglichkeiten, die das Schiff bot. Trotz aller Unordnung hatte es – Liebe auf den zehnten Blick – in mir »klick« gemacht. Und mir war klar: Es wird dieses Schiff oder keines.

Die Entscheidung wurde durch den minimalen Umstand verkompliziert, dass sich zwischenzeitlich eine andere Entscheidung in Form eines Mannes in den Vordergrund schob. Ich war Detlev bei einer meiner Buchlesungen in Westdeutschland – wie der Berliner ein Vierteljahrhundert nach dem Fall der Mauer immer noch sagt – begegnet.

Er befand sich nach einer Krise in einer beruflichen Auszeit, träumte aber wie ich davon, Menschen zu prägen. Wir tauschten uns intensiv über unsere Wünsche aus und fragten uns, ob wir sie zusammen verwirklichen wollten. An einem Frühlingstag wurde uns bei der Besichtigung eines traumhaft schönen Baudenkmals klar: Wir wollen es zusammen wagen. Wir besiegelten das, so wie es sich gehört, mit einem Kuss, bis uns die Ordner darauf hinwiesen, dass der Ort dem Bestaunen des Bauwerks, nicht dem Bestaunen von Menschen vorbehalten sei.

Die Entscheidung war gefallen. So blieb nur noch die Frage: Was wird mit dem Boot? Ich hatte zwischenzeitlich zwei zentrale Kriterien festgelegt. Ich brauchte eine recht große Summe für den Kauf und als Anzahlung für Franz, der damit Baumaterial kaufen wollte. Die zweite Hälfte würde ich im Lauf der Bauzeit schon irgendwie zusammensammeln, dachte ich.

So hatte ich beschlossen, dass ich es wagen würde, wenn ich die Hälfte der benötigten Summe in Form von zinslosen Darlehn von Freunden erhalten würde. Und wenn Detlev mich zu dem Schritt ermutigen würde, das Schiff zu kaufen.

Kriterium Nr. 1 war erstaunlich schnell erfüllt. Am 11. April schrieb ich in meinem Blog von meinem Traum. Schon eine Woche später waren genügend Darlehnszusagen eingegangen, um die benötigte Summe aufzubringen.

Detlev sagte ebenfalls: »Ja, mach das.« Ihn bei dem Projekt mit an Bord zu haben war für mich nicht nur in emotionaler

Hinsicht wichtig. Er war auch ein ausgesprochen begabter Handwerker – das soll beim Schiffsbau ja durchaus von Vorteil sein. Er wollte nach seiner Sabbatzeit noch ein Jahr in einem Dorf in Westdeutschland in seinem angestammten Beruf arbeiten und dann zu mir nach Berlin ziehen, um etwas Gemeinsames aufzubauen.

Was ich damals nicht erkennen konnte, war, dass er im Alltag weit weniger belastbar war, als er in der Zeit der Ruhe und Erholung auf mich wirkte. Schon nach wenigen Wochen der Arbeit gingen seine Kapazitäten, sich auf Neues einzustellen, stark zurück. Statt Dinge gemeinsam zu erträumen und anzupacken, wünschte er sich von mir vor allem Unterstützung für seine Projekte.

Plötzlich sprach er davon, dass er lieber zwei Jahre in seinem Dorf bleiben wollte. Schließlich wurden es fünf. Er erwartete von mir, dass ich dorthin – sieben Stunden von Berlin entfernt – ziehen sollte: »Nur für fünf Jahre, dann komme ich mit nach Berlin.«

Ich spürte nach einer Weile, wie diese Instabilität seiner Zusagen mein Vertrauen zu ihm untergrub. Ich fragte mich: Was würde er wohl in fünf Jahren sagen? »Lass uns noch mal fünf Jahre dranhängen«?

Als deutlich wurde, dass unsere Vorstellungen immer weiter auseinandergingen, trennten wir uns im Oktober 2012. Es geschah mit Klarheit und trotz der Liebe ohne allzu tiefen Schmerz – dafür war zu offensichtlich, dass unsere Vorstellungen von Leben und Partnerschaft nicht wirklich zusammenpassten.

Im April 2012 war davon noch nichts zu spüren: Detlev ermutigte mich, das Schiff zu kaufen, und er wollte den Traum

mit mir teilen. Also unterschrieb ich am 18. April den Kauf-
vertrag für die MS Triton für 15 000 Euro, zahlbar in zwei Raten. Ich war Eignerin eines Schiffes geworden.

Eine Woche später wurde ich 45. Vermutlich war ich in der
Mitte meines Lebens angekommen, und ich war gespannt darauf, was die zweite Hälfte bringen würde.

WIRBELWIND

Oder: Was Menschen sagen, wenn sie erfahren, dass man ein 60 Jahre altes, rostiges Schiff gekauft hat und darauf leben will.

Richtig erwachsen ist man dann, wenn man etwas tun kann, obwohl der eigene Vater es gut findet«, hat ein mir unbekannter kluger Mensch einmal gesagt. Es stimmt: Frei ist man dann, wenn man die Meinungen anderer wahrnehmen kann, aber innerlich so gefestigt ist, dass man davon nicht erschüttert wird. Egal, ob man ihre Meinung teilt oder nicht.

Ich wusste, dass ich den Kauf des Schiffes für mich entscheiden musste. Egal, ob andere die Idee gut fanden oder mich für verrückt erklärten. Dennoch war ich freudig überrascht, als ich die ersten Kommentare sah, die Leser meines Blogs zur Schiffsgeschichte schrieben.

Der Mensch kann nicht zu neuen Ufern aufbrechen, wenn er nicht den Mut aufbringt, die alten zu verlassen.
André Gide

Renate und Dagmar beispielsweise kommentierten: »Glück, ganz viel Glück für diesen einmalig tollen Plan und unendliche Freude für die Umsetzung … Toll … du bekommst dein eigenes Hausboot mitten in Berlin, und du erfüllst dir damit einen lang gehegten Traum!!! Da komme ich auf jeden Fall mal vorbei.« Und Beate jubelte: »Ein Traum wird wahr. Kerstin, ich bin absolut begeistert.«

Ihr Vertrauen hatte sicher auch damit zu tun, dass ich schon mehr als einmal erfolgreich Dinge umgesetzt hatte, an die andere sich nicht heranwagen würden. Ich war mit Hilfsprojekten im Jemen und in Afghanistan gewesen und war lebend zurückgekommen.

Im Jemen haben meine Freunde und ich mit einer Berberfamilie Tee getrunken. Als wir sie fragten, womit sie denn in dieser kargen Einöde ihr Geld verdienten, antworteten sie: »Mit Autohandel!« Ich verschluckte mich fast an meinem Tee. Autohandel funktionierte in manchen Regionen des Jemen folgendermaßen: Man stellt sich mit einer Kalaschnikow an die Straße, bittet die Insassen des nächsten Autos, das vorbeikommt, höflichst, auszusteigen und zu Fuß weiterzugehen, und verkauft dann selbst das Auto.

Uns war der nicht immer zimperliche Umgang mit anderen durchaus als Gefahr bewusst, aber in diesem Fall waren wir Gäste eines Familienangehörigen. Ich kannte die arabische Kultur gut genug, um zu wissen, dass Gastfreundschaft heilig ist und wir als Gäste ebenso sicher waren wie die Familienangehörigen. Einem Gast wird kein Haar gekrümmt – selbst, wenn er über ein Auto verfügt, das man selbst gerne hätte.

Das größte Wagnis meines Lebens jedoch war es vermutlich gewesen, einen zwar schlecht bezahlten, aber sicheren Job hinter mir zu lassen und mich mit Coaching und einem Verlag selbstständig zu machen. In zwei Berufsfeldern, die als hart umkämpft und schwierig gelten – weil sie es sind.

Als offener Mensch hatte ich auf meinem Blog oft von meinen Herausforderungen und Schwierigkeiten gesprochen, aber auch von den Erfolgen und Glücksmomenten. Menschen, die mich gut kannten, wussten: »Wenn Kerstin etwas anpackt, ist es nicht immer perfekt durchgeplant, aber am Ende gelingt es ihr meist, alles erfolgreich abzuschließen.«

Gerade in den Anfangsjahren meiner Selbstständigkeit fiel mir Detailplanung so schwer, dass ich oft lieber ganz darauf verzichtete. Ich stolperte eher durch Projekte, als mit großer Eleganz durch sie hindurchzuschreiten. »Es tut gut, auf eigenen Beinen zu stehen – diese Beine mögen sein, wie sie wollen«, war und ist mein Motto. Und so gehe ich die Dinge an.

Vielleicht werden Pläne hierzulande aber auch einfach überschätzt. Es gibt für Neugründungen von Unternehmen häufig Businessplan-Wettbewerbe. Doch in der Realität des unternehmerischen Lebens sind die Gewinner mit den perfekten Plänen nicht erfolgreicher als die mit weniger ausgefeilten Plänen.

Ich war also weniger für perfekte Pläne bekannt als vielmehr dafür, dass ich am Ende doch einen Weg finden würde, um zum Ziel zu kommen – zur Not kriechend. So hatte ich es gemacht, als ich mich einen Tag vor der Abgabe meiner Magisterarbeit versehentlich in der Toilette einer Bekannten einsperrte, die verreist war. Die Sammlung von etwa 800 Frauenzeitschriften, die fein säuberlich an den Wänden ihres stillen Örtchens aufgebaut war, interessierte mich in diesem Moment nicht sonderlich. Und meinen Universitätsabschluss zu verderben, weil ich mich versehentlich einen Tag lang in einer Toilette eingesperrt hatte, war einfach keine denkbare Option.

Doch die Tür ging nicht mehr auf, und ich war unter Zeitdruck. Also zwängte ich meinen Körper Millimeter um Millimeter durch das enge Toilettenfenster und die Stahlstangen, die Einbrecher abhalten sollten, nach draußen. Und schließlich brach ich von außen wieder in die Wohnung ein, indem ich den Rollladen der Balkontür hochstemmte und durch das gekippte Fenster griff, um den Riegel zu öffnen. Ich war wieder drin und konnte – damals mit einer Geschwindigkeit von etwa einer Seite pro Minute – den Druck meiner Magisterarbeit fortführen. Puh.

Fast alle Hindernisse kann man überwinden – das ist mein Credo. Egal ob in meinem Verlag oder bei einem alten DDR-Marineboot, dem ich neues Leben einhauchen wollte. Zumindest einige Menschen trauten mir zu, es schaffen zu können, und waren von der Idee begeistert.

Meine Entscheidung löste sogar bei einigen Lesern einen »Nebeneffekt« aus, den ich gar nicht beabsichtigt hatte. Allein die Tatsache, dass ich es wagte, etwas anpackte, machte ihnen Mut. Ralf schrieb:»Ich freu mich mit Dir und danke Dir für die Ermutigung! The beat goes on!« Gina ergänzte:»Ich freu mich einfach mit!!!! – Es ist ein tolllles Geschenk und auch sehr ermutigend, wenn eigene Träume nicht gelebt werden können, zu lesen wie es dir ergangen ist…wow!!!«

Karin hatte ich auf einer mehrtägigen, gemeinsamen Wanderung kennengelernt. Ihr Kommentar berührte mich besonders tief:»Dein Boot-Projekt hat mich sehr gefreut und mir selber wieder ein kleines Licht gegeben, da meine Lebensträume auch schon mehrfach gestorben sind. Im Moment habe ich keinen Traum, aber ein Flämmchen hat es gegeben beim Lesen Deines Projektes. Danke! Ich wünsche Dir damit viel Gutes.«

So oder ähnlich sollte ich das im Lauf des Projektes immer wieder hören:»Wenn ich in meinen Vorhaben mutlos war, bin ich auf deinen Blog gegangen und habe von Dir und Deinem Schiff gelesen. Das hat mir neue Kraft gegeben, weiterzumachen.«

Das waren die einen, die mir offen von ihrer Begeisterung schrieben. Die anderen, die dem Vorhaben kritischer gegenüberstanden, verzichteten eher auf Kommentare. Erst lange danach erzählten sie mir, was sie damals wirklich gedacht hatten.

Ein befreundeter Journalist gestand mir einige Jahre später bei einem Interview über das Projekt: »Als ich zum ersten Mal gehört habe, dass du jetzt ein Schiff umbaust, dachte ich nur: Jetzt ist sie komplett durchgedreht.« »Du bist verrückt!«: Das hat mir – außer Bootsbauer Franz – damals niemand direkt ins Gesicht gesagt. Gedacht haben es wohl viele!

DIE MS TRITON

1958 erbaut bei der VEB Yachtwerft Berlin unter der Bau-Nr. 04 des Projektes 539 »Sperber« (539-4) Angabe auf dem Typenschild

Baulänge: 25,90 Meter / Breite: 4,45 Meter
Tiefgang: 1,42 Meter

Maschine: 1 Dieselmotor Typ 8 KVD 18/21 A mit 580 PS

Bauname: Sperber 4 (dieser Name wurde jedoch nie am Schiff geführt)

Indienststellung bei der VP-See in Rostock als Torpedofangboot mit taktischer Kennung F – 4. Es war aber für den Dienst ungeeignet

1960 Übernahme zur Volksmarine der DDR in Rostock. Einsatz als Torpedotransporter unter der taktischen Kennung B – 04

1962 Eignerwechsel zum Seehydrografischen Dienst der DDR in Stralsund. Taktische Kennung D 28. Einsatz als Bojensetzer und Tonnenleger – neu motorisiert mit einem 270-PS-Motor Typ 6 NVD 26 A des Dieselmotorenwerkes (DMW) Rostock

1970 außer Dienst gestellt und Umbau auf der Volkswerft Stralsund zum Fahrgastschiff – dort bekam das Schiff sein heutiges Aussehen

Am 20.05.1971 Indienststellung als Passagierschiff »GELLEN« mit der Personenschiff-Nr. P-435 beim VEB Weiße Flotte Stralsund (Erhalt einer DSRK-Nr. 40655 der Schiffsklassifizierung der DDR)

Im Einsatz bis 1991 als Fahrgastschiff

1991 Eignerwechsel an Willi Stengel aus Dranske und umbenannt in »SABINE« – kurzzeitig in Fahrt

1992, Dezember, Eignerwechsel zur Triton-Reederei in Ralswieck und umbenannt in »TRITON I«

Im Einsatz bis 1996, dann abgestellt im Hafen von Peenemünde. Später an einen unbekannten Eigner nach Hamburg verkauft und dahin verlegt. Seitdem ohne konkrete Nutzung

Es gibt vier baugleiche Schiffe, ein weiteres wurde in ähnlicher Form umgebaut und ist heute als Wohnschiff »HAFFTOURIST« in Wischhafen bei Stade

TEIL 2

In welcher Phase der Vision eine Visionärin
sich befindet, erkennt man an den Kommentaren
ihrer Mitmenschen.

Phase 2: »Du tust mir leid!«

SCHWIERIG, SCHWIERIGER, SCHIFF

Oder: Wie man einen Plan zum Scheitern bringt und Plan B dann auch noch. Und wieso trotzdem mehr nach Plan läuft, als man im ersten Moment glaubt.

Mai 2012. »Wenn du Gott zum Lachen bringen willst, dann erzähle ihm deinen Plan!«, sagt man. Jetzt, wo ich das Schiff gekauft hatte, war der Plan ganz einfach: Das Schiff wird per Lkw nach Berlin transportiert und anschließend auf der kleinen Werft von Franz saniert und ausgebaut. Das sollte doch nicht so schwer sein, dachte ich.

Es ist nicht recht, nur eine Sache zu kennen – man wird dumm davon; man sollte nicht ruhen, bis man auch das Gegenteil kennt.

Vincent van Gogh

Ich ahnte nicht, dass mir bevorstand, mein Schiff wirklich kennenzulernen. So wie einen Menschen, dessen Wesen und Charakter man sich schrittweise erschließt und dabei nach und nach die Stärken entdeckt, aber auch die Schwächen. Auch so ein Schiff hat seinen Charakter.

In meinem Blog schrieb ich vier Wochen nach dem Kauf:

Nun geht es erst mal rückwärts. Alle hohen Teile müssen vom Schiff abgebaut werden, damit es von Hamburg bis zur Werft transportiert werden kann – eine logistische Meisterleistung. Aber die »Jungs« sind dran. In etwa 3 Wochen ist es so weit – dann ist das Schiff endlich auf der Werft.

Die ersten Wochen als Schiffseignerin war ich voller Zuversicht. Mit der praktischen Arbeit konnte vorerst nicht begonnen werden, da Franz noch andere Projekte abschließen wollte. Dennoch wusste ich viel Gutes zu berichten:

Die letzten Wochen waren spannend. Vor allem die Frage der Finanzierung. Und ich habe einfach nur gestaunt, wie viel Unterstützung und Hilfe ich bekommen habe. Da waren zum einen Geschenke. Das kleinste waren 50 Cent. Das größte über 1000 Euro. Eine Frau, die im medizinischen Bereich arbeitet, überwies mir den Lohn einer 24-Stunden-Schicht.

Gerade sind Federzeichnungen aus Island auf dem Weg zu mir – mit der Erlaubnis, sie zu verkaufen und den Erlös fürs Boot zu nehmen. Kurz: Ich staune einfach nur. Und bin dankbar. Jedes Geschenk trägt dazu bei, die Last ein Stück leichter zu machen.

Die Visionärin in mir sah all die hoffnungsvollen Zeichen und jubelte. Dass es mir beispielsweise in fünf Jahren leider nicht gelingen sollte, einen Interessenten für die klassischen Federzeichnungen der Künstlerin Plangger-Poop zu finden, damit hatte ich damals nicht gerechnet.

Obwohl der Ausbau noch nicht begonnen hatte, gab es in dieser Phase schon viel zu tun. Eine Aufgabe war die Beschaffung von Bauteilen, um die Werft für das ziemlich große Schiff vorzubereiten. Es waren beispielsweise Ständer und Stützen nötig, um die 25 Meter lange Schiffsdame – alle Schiffe sind weiblich – sicher und stabil zu lagern. Die bekommt man nicht eben mal im Baumarkt. Man sucht auf speziellen Internetseiten, und wenn man Glück hat, wird man sogar bei Gebrauchtanzeigen fündig. Wir hatten Glück, wie so oft.

Die meiste Energie wurde für die Organisation des Transportes verwandt. So ein 25 Meter langes, 25 Tonnen schweres Schiff zu transportieren ist kein Pappenstiel. Für einen Schwertransport braucht man die Genehmigungen der Polizei für die Fahrt und das Bereitstellen von Begleitfahrzeugen. Außerdem musste ein Spezialfahrzeug gebucht werden und ein Spezialkran, der das Schiff aus dem Wasser holen und aufs Transportfahrzeug heben würde.

Das war schwierig, aber nicht unmöglich. Franz telefonierte und organisierte und hielt mich per SMS auf dem Laufenden: »*Zusage der Transportfirma!*« – »*Habe die Polizeigenehmigungen.*« – »*Kranfirma gebongt.*«

Mir blieb mangels Fachkenntnis in dieser Phase nur das Warten und mich auf den Tag im Juni 2012 zu freuen, an dem das Schiff endlich in Berlin ankommen und der Ausbau richtig losgehen würde. Das war der Plan.

Die Realität holte uns mit einer E-Mail der Kranfirma ein: »Ein Projekt dieser Größenordnung ist uns doch zu riskant! Dafür braucht man zwei Kräne. Wir sagen ab.«

Wie bitte?! Das war das Letzte, womit wir gerechnet hatten. Wir hatten Zeit und Geld in die Vorbereitung der Werft investiert, und sie hatten ja schon zugesagt.

Als im Domino-Effekt dann auch noch die Transportfirma absagte, wurde schnell klar: So wird das nichts. Das war hart. Schließlich basierten der gesamte Plan und die finanzielle Kalkulation darauf, das Schiff bei Berlin zu sanieren und umzubauen. Gescheitert war das Projekt noch nicht. Es war nur klar: Wir brauchen einen neuen Plan.

Wenn man im Moment so schlau wäre wie im Nachhinein, dann wäre das Leben oft leichter. Im Nachhinein sieht vieles anders aus. Ich versuche das im Blick zu haben, wenn etwas nicht so läuft, wie ich es erhofft hatte. Damit meine ich kein billiges Gerede im Stil von: »Es wird schon etwas Gutes haben, wenn es jetzt so kommt.«

Mir liegt eher die sture, aber realitätsbezogene Weigerung, alles sofort als »gut« oder »schlecht« zu klassifizieren. Sie gründet sich auf der demütigen Anerkennung dessen, dass ich nie alle Faktoren kennen kann und dass manches, was auf den ersten Blick »schlecht« aussieht, im Nachhinein gar nicht so verheerend sein muss.

Anders als Gott, dem ich zutraue, das große Ganze zu sehen, kann ich immer nur einen kleinen Ausschnitt der Realität erkennen. Im Rückblick war die Absage der Kranfirma eine Bewahrung. Es stellte sich nämlich heraus, dass die Maßangaben der Schiffspläne, auf denen die Transportgenehmigungen fußten, fehlerhaft waren. Das Schiff war in Wirklichkeit gut zehn Zentimeter höher als angegeben. Das ist nicht tragisch, wenn man im Wasser liegt, jedoch schon, wenn man mit nur einer Handbreit Luft unter einer Brücke durchfahren will.

Ich mag gar nicht darüber nachdenken, was geschehen wäre, wenn wir aufgrund der falschen Höhenangaben beim Transport eine Autobahnbrücke beschädigt hätten. Natürlich gibt es Versicherungen. Aber die haben im Zweifelsfall ein großes Talent, Gründe zu finden, warum sie genau in diesem Fall nicht haften. So etwas kann ein Leben ruinieren.

Der zweite, mir damals unbekannte Risikofaktor war, dass es marode Stellen im Schiff gab. Sie lagen im hinteren Bereich des Schiffes, dem sogenannten kleinen Salon, der bei der Besichtigung komplett bis zur Decke mit Baumaterial vollgestellt war. So konnten wir dort die Dicke des Stahls nicht prüfen. Von Dicke mag ich auch nicht wirklich sprechen. Später stellten wir fest, dass die Wände statt ein Zentimer nur noch einen halben Millimeter dünn waren. Das ist auch für Stahl sehr wenig. Hätte der Kran an der falschen Stelle angepackt, hätte das Schiff an den dünnen Stellen brechen können. Hätte ... ist es aber zum Glück nicht.

Grundsätzlich halte ich es für sinnvoll, so gut wie möglich zu planen und sich nicht mit Angst die Hosen vollzumachen. Angst ist nie in der Gegenwart, sondern richtet sich immer auf eine ungewisse Zukunft. Ich halte es für eine Verschwendung, zu viel unserer kostbaren Vorstellungskraft damit zu verbrauchen, sich Schreckensszenarien auszudenken.

Die Kraft meines Denkens nutze ich lieber für die Herausforderungen, die hier und heute anstehen. Außerdem habe ich gar nicht genug Fantasie, mir wirklich alle Pleiten und Krisen auszudenken, die dann tatsächlich eintreffen. Das Leben hat immer noch ein paar Überraschungen parat.

Die aktuellen Herausforderungen waren klar: Ich hatte keine Möglichkeit mehr, das Schiff auf dem Landweg zur Werft zu bringen. Einen Zugang zum Wasser gab es bei der Werft von Franz nicht. Aufgeben ist nicht so mein Ding. Franz und ich entwickelten also in einer Krisensitzung Plan B. Franz würde – sooft es ihm möglich war – nach Hamburg fahren und dort mit der Renovierung beginnen. Wann immer ich konnte, würde ich dazukommen und helfen.

Parallel dazu würden wir uns in Berlin nach Liegeplätzen umsehen und dann bei Erfolg das Schiff auf dem Wasserweg dorthin transportieren. Dafür wäre nur ein Schubschiff nötig, keine Kräne und Lastwagen. Uns war klar, dass das nicht leicht sein würde: Wer will schon ein Schiff neben sich haben, auf dem gehämmert, geschweißt und gesägt wird?

Doch Plan B war ins Leben gerufen – die Arbeit konnte beginnen. Das bedeutete zuerst einmal, alles unnötige Material von Bord zu räumen. Franz und sein Kumpel Max schleppten in den ersten Tagen sage und schreibe viereinhalb Tonnen Unbrauchbares von Bord und zum Müll oder Recycling: defekte Maschinen, vertrocknete Farben, Verpackungen.

Das war nur der Anfang. Einen Teil des Materials von Erich und Hildegard konnten wir nutzen, wie etwa die Neonlampen, die jetzt im Maschinenraum für hartes, helles Licht sorgen. Doch vieles war unbrauchbar. Im Lauf der Bauzeit sind noch einige weitere Tonnen unbrauchbarer Dinge von Bord gegangen. Alte, mit Wasser vollgesogene Isolierung, hart gewordene Seile, verrostete Schrauben und Regalteile. Leider auch ein Staubsaugerfilter, der, wie sich später herausstellte, zum einzigen Industriestaubsauger an Bord gehörte. Tja, das war Pech.

Trotzdem tat es mir insgesamt gut, mich von den Dingen zu trennen. Das meiste braucht man wirklich nicht. Wir haben von den vier Tonnen nur einen einzigen Gegenstand – den Staubsaugerfilter – wirklich vermisst. Im Gegenzug hatten wir jetzt mehr Freiraum. Zu viel Gerümpel verhindert nämlich, dass man gut arbeiten kann.

Das betrifft nicht nur Gegenstände. Manchmal ist das Leben auch übervoll von Aufgaben und Ehrenämtern, die man über die Jahre angesammelt hat. Dann kommt hier noch etwas dazu und da noch etwas, und irgendwann stellt man fest, dass man im eigenen Leben keinen Bewegungsraum mehr hat. Dann sind es wohltuende Zeiten, wenn mal nichts ansteht und man einfach Zeit zum Träumen hat. Auch hier tut Aussortieren gut.

Mit dem Entrümpelungs-Kraftakt waren die Voraussetzungen geschaffen, endlich mit der Renovierung zu beginnen. Bei der Instandsetzung eines Schiffes beginnt man immer unten. Das gebietet die Logik: Wenn man erst oben fertig renoviert und dann später unter der Wasserlinie Schwachstellen findet, hat man ein echtes Problem.

Bei einem Schiff Baujahr 1953 aus schönstem russischen Stahl bedeutete das erst mal: Rost und alte, poröse Farbe entfernen, dann streichen. Was so einfach klingt, ist härteste Knochenarbeit. So ein Schiff besteht ja aus einem Gerippe von einzelnen Stahlstreben, sogenannten Spanten. In meinem Schiff sind sie jeweils etwa 40 Zentimeter voneinander entfernt und 40 Zentimeter tief. Es können auch mal 35 oder 45 Zentimeter sein. Die Breiten sind an keiner Stelle gleich. »Schiff kommt von schief« wurde später zum geflügelten Wort an Bord. Mathematiker können jetzt immerhin ausrechnen, wie viele Fächer mit einer Hauptfläche und je vier Seitenteilen im Rahmen ein 25 Meter langes, vier Meter breites und fünf Meter hohes Schiff aufweist. Es sind ziemlich unendlich viele.

Jedes einzelne Fach und die stabilisierenden Spanten mussten von Farbe und Rost befreit werden – mit Schleifmaschine, Spachteln, Rostbürste, Druckluftnadler. Jede Platte dauerte zwei bis drei Stunden. Es brauchte Tage, ein Stück Wand oder eine Bodenfläche zu entrosten und anschließend mit eklig stinkendem, aber sehr effektivem Schiffsbodenöl zu konservieren, das richtig tief in den Stahl und unter jeden Hauch von Rost kriecht.

Franz erklärte mir, dass die Arbeit von Hand gemacht werden müsste, weil beim Sandstrahlen zu viel vom originalen Stahl verloren gehen würde. Außerdem war er Künstler, und es entsprach seinem Wesen weit mehr, handwerklich zu arbeiten als mit Powermaschinen.

Später sollte ich an der Weisheit dieses Vorgehens zweifeln. Aber damals wusste ich es nicht besser. Deshalb kämpften wir gegen den Rost. Wir, das waren vor allem Franz, der sich Meter um Meter vorankämpfte, ab und zu mal Angestellte von ihm, andere Helfer und ich.

Da viele meiner Freunde und Bekannten in Berlin leben, war es für mich schwer, Unterstützung für die Arbeit in Hamburg zu organisieren. Trotz aller Widrigkeiten meldete ich am 19. September auf meinem Blog stolz, dass nun die künftigen Schlafräume im Unterdeck entrostet und mit Korrosionsschutz versehen waren.

Das erste Mal war etwas »fertig« geworden – auch wenn natürlich noch extrem viele Schritte bis zum finalen »fertig« fehlten. Und dass wir später einen Teil der Arbeit noch mal machen mussten, weil sie nicht oder nicht sorgsam genug ausgeführt worden war, das ist eine andere Geschichte.

Wir hofften zu diesem Zeitpunkt noch, das Schiff spätestens im Oktober 2012 in Berlin zu haben. Wie noch mal bringt man Gott zum Lachen?

Die Fortschritte waren eher Trippelschritte. Dennoch schrieb ich in dieser Zeit hoffnungsvoll auf meinem Blog:

Mit Unmengen von Geld könnte das alles natürlich viel schneller gehen. Derzeit kann ich mir nur 50 Euro pro Tag leisten – und das ist schon herausfordernd genug. Für mich ist es erstaunlich, jeden Monat zu erleben, wie das nötige Geld zusammenkommt. Durch eigene Einnahmen (Coaching, Seminar, Verlag), durch Darlehn oder Spenden.

Manche Menschen schenken mir einen Tag Renovierungsarbeit, heute bekam ich zwei Wochen geschenkt. Ich hab nie dick Geld im Voraus – doch es reichte in den letzten Monaten immer für das, was anstand. Einfach wunderbar.

Ich bin einfach nur am Staunen, wie offensichtlich Gott dieses Projekt bestätigt. Nein, ich glaube nicht, dass immer alles glattgeht, wenn Gott hinter einer Sache steht. Als Jesus mal seine Jünger über den See schickte – es war seine Idee, dass sie da rüber sollten –, ging der Sturm erst richtig los. Auch das kann Glauben sein. Und solche Zeiten kenne ich auch.

Doch manchmal ist es einfach so, dass es so wirkt, als ob Gott lächelt und sagt: »Ich zeige dir so richtig dicke, dass ich es gut mit dir meine.« Das kann ich genießen – rundum.

DIE MEGAKRISE

Oder: Wieso man für die Bequemlichkeit, Steinwolle nicht anfassen zu müssen, später teuer bezahlt. Und was man über Chemie wissen muss, um ein Schiff vor dem Sinken zu bewahren.

Oktober 2012: Jetzt kam der zweite Rückschlag: Der Umzug nach Berlin mithilfe eines Schubschiffes würde vor dem Winter nicht klappen. Angestrengt hatten wir uns. Franz, der alle und jeden kannte, und ich hatten alle erdenklichen Kontakte abtelefoniert und waren jeder Spur nachgegangen. Doch in Berlin war partout kein Platz zu finden, an dem wir liegen und renovieren konnten. Dann kam die nächste Katastrophennachricht von Franz: »Wir haben ein Leck!« Die meisten Menschen stellen sich bei Leck gleich ein Loch in der Bordwand von der Größe einer Eisbergschramme in der »Titanic« vor. So schlimm ist es selten, und so heftig war es auch bei uns zum Glück nicht. Doch ein fingerdickes Loch in der Bordwand, durch das Wasser eindringt, ist nicht auf die leichte Schulter zu nehmen. Im Lauf von einigen Tagen kann auch das ein Schiff zum Sinken bringen.

Was er kann, zeigt der Steuermann nicht bei schönem Wetter, sondern in Sturm und Ungewitter.

Petrus Chrysologus

Was war geschehen? Beim Renovieren war Franz bis zum künftigen Seminarraum vorgedrungen. Der war ja bei der Besichtigung komplett mit alten Glasfaserplatten vollgestellt.

Glasfaser kratzt so eklig auf der Haut, dass man es am liebsten nur mit Schutzanzug anfassen will.

Weil wir die Wände nicht prüfen konnten, ohne mehrere Hundert Kilo Glasfaser wegzutragen, hatten wir auf die Aussage von Erich und Hildegard vertraut: »Der Stahl ist im ganzen Schiff gut!«

Als Franz mit einem mit Druckluft betriebenem Rostnadler ein Stück Wand in Kopfhöhe entrostete, wurden seine Füße nass. Wir hatten unser erstes Leck. Wikipedia definiert das nüchtern als »eine Öffnung, durch die ungewollt Flüssigkeiten, Feststoffe und Gase ein- oder ausdringen können«. Bei uns war es Wasser aus dem Hamburg-Harburger Hafenbecken.

Es sollte nicht das einzige Leck bleiben.

Denjenigen, die meine Geschichte fast in Echtzeit mitverfolgten, schrieb ich damals:

Die guten Nachrichten zuerst

Wir hatten in der vergangenen Woche 2 x 2 Helfer an Bord, die einen Tag mit anpackten. Das war genial. Franz sagte, sie haben zu dritt an einem Tag so viel geschafft wie er sonst allein in einer Woche. Das erste Leck konnte – mit Blitzzement – erst mal gestopft werden.

Nun die großen Herausforderungen:

Beim Restaurieren des Seminarraums achtern (hinten) wurde schnell klar, dass der Zustand des Stahls, den die Vorbesitzer als »in Ordnung« bezeichnet hatten, dort alles andere als in Ordnung ist. Der Stahl ist an vielen Stellen porös. Und an manchen Stellen so dünn, dass er bricht, wenn man mehr als einen Meter entfernt davon arbeitet. Das ist nicht in Ordnung. In dem ganzen Bereich müssen jetzt die Stahlplatten

ausgetauscht werden ... etwa 24 Platten – 120 Euro pro Platte
– plus Personalkosten ... autsch! Herausforderung.
Noch schlimmer: Gestern schrieb mir der Bootsbauer, dass in
allen (!!!) Tanks Lecks sind. Auch das noch. Die sind ganz
unten am Schiffsboden. Wenn man darangeht und da Wasser
einbricht, weil noch mehr lecke Stellen sind, könnte das Schiff
sinken. Suboptimal. Wir bleiben dran.

Wie konnte es kommen, dass die Substanz des Schiffes im hinteren Bereich, wo sich Seminarraum und Tanks befanden, so viel schlechter war als an den anderen Stellen?

Die Erklärung, die wir später fanden, hatte mit Chemie und Physik zu tun. Das Schiff ist aus Stahl, hat aber auch Bauteile aus anderen Metallen. Nun sind bei einem Schiff stets verschiedene Metalle verbaut, von denen der Stahl des Rumpfes relativ unedel ist. Doch gerade am Heck gibt es eine Menge edle Metalle, zum Beispiel ist die Antriebswelle und Ruderwelle oft aus Edelstahl, die große Schiffsschraube aus Bronze.

In Verbindung der edlen Metalle mit einem Elektrolyten, etwa Wasser mit darin gelösten Ionen, entsteht eine galvanische Zelle (also eine Art Batterie) und Spannung, durch die das unedelste Metall – das ist in der Regel der Stahl – angegriffen wird. Früher oder später geht es dadurch kaputt. Damit der Stahl nicht aufgelöst wird, muss nun ein noch unedleres Metall angebracht werden.

Dies geschieht in Form sogenannter Opferanoden. Das sind – vereinfacht gesprochen – Klumpen aus unedlem Metall. Die opfern sich, wie der Name schon sagt, selbst für die anderen Bereiche auf. Sie werden als Erstes zerfressen, der Stahl des Schiffes bleibt dadurch geschützt.

In der Regel bestehen Opferanoden bei Schiffen im Meerwasser aus Zink, bei Schiffen in Süßwassergebieten aus Magnesium. Magnesiumanoden bieten vollen Schutz, werden aber schneller als Zinkanoden abgebaut.

Diese Opferanoden – bei meinem Schiff sind sie etwa so groß wie ein Laib Brot – werden alle paar Meter an der Außenwand des Schiffes angebracht. Bei meinem Schiff sind da offensichtlich ein paar Sachen schiefgelaufen. Vermutlich wurden beim vorausgegangenen Werftbesuch einige Anoden neu angebracht. Nur: Irgendwelche Helden haben das Schiff mit einer Mischung aus Zink- und Magnesiumanoden bestückt. Die heben sich in ihrer Wirkung gegenseitig auf. Das Ergebnis: Der Korrosionsprozess konnte vor allem an den Stellen, die nur mit Magnesiumanoden bestückt waren, im vollen Umfang stattfinden. Aufgrund der Anhäufung (Massierung) edlerer Metalle, die sich dort befinden, ist ja der Heckbereich von Stahlschiffen ohnehin meist besonders gefährdet. Dort war der Stahl, wie wir nun feststellten, an vielen Stellen gründlich kaputt. Einige Stahlplatten zerbrachen später allein beim Abspritzen mit einem Wasserschlauch. Offensichtlich hatten nur Dreck und Muscheln das Schiff noch zusammengehalten. Für mich sind die Opferanoden zu einem interessanten Gleichnis für das Leben geworden. Wir alle fahren mit unserem Lebensschiff durch mal raue, mal stürmische Wellen. Ab und an schlagen wir leck, wenn wir auf Eisberge oder Felsen rammen. Doch diese großen Katastrophen sind eher selten.

Viel häufiger ist, dass unsere Stahlhaut durch innere Spannungen angegriffen wird. Wir stehen unter Strom. Und wenn wir den nicht gut ableiten, dann zerfrisst es uns. Früher oder später.

Einige Monate später, an Ostern, entstand ein Bild in mir: Eigentlich ist Jesus für uns so etwas wie eine Opferanode, wenn er sagt: »Ich bin da und leite gern den Stress, den Schmerz, den Frust und den Ärger für dich ab.«

Mich hat der Gedanke fasziniert, und ich habe darüber nachgedacht, wie ich mit stressigen und schmerzhaften Erfahrungen umgehe. Manchmal denke ich daran, dass ich nicht alles alleine zu tragen und zu verkraften brauche. Doch oft nehme ich das Angebot der Entlastung nicht an. Irgendwann ist dann mein Leben angegriffen oder zerfressen – die schlimmste Folge wäre, leckzulaufen und zu sinken.

Ostern heißt für mich: Ich bekomme einen neuen Anfang geschenkt. Die Möglichkeit, liebevoll und schützend wie mit neuer Farbe umhüllt zu werden und Schmerz und Spannung an den sich opfernden Erlöser abzuleiten. Damit ich sicher im Wasser des Lebens bleiben und auf Fahrt gehen kann. Was für eine tröstliche und stärkende Vorstellung!

STARKER WIND

Oder: Warum es einen teuer zu stehen kommen kann, das billigste Angebot anzunehmen. Und wie man gelassen bleibt, wenn alles erst mal anders kommt.

November – Dezember 2012: Die Opferanoden wurden für mich später ein tiefes Gleichnis für das, was mir im Glauben und Leben wichtig ist. Zuerst einmal standen wir mal wieder vor neuen Herausforderungen.

Das Schiff musste zur Reparatur der stählernen Außenhaut auf die Werft. Dazu musste eine passende Werft gefunden werden – für uns als Nicht-Hamburger alles andere als leicht. Außerdem brauchten wir eine Transportfirma – das Schiff hatte ja keinen funktionierenden Motor mehr, musste also geschleppt oder genauer gesagt geschoben werden. Die fanden wir glücklicherweise schnell.

Die Lecks waren eine massive Wertminderung. Deshalb habe ich mit Erich und Hildegard nachverhandelt. Die zweite Hälfte des Kaufpreises hatte ich ja glücklicherweise noch nicht überwiesen. Erich hatte mir ja beim Kauf versichert, dass der Stahl überall am Schiff in Ordnung sei.

Ich würde lieber vor Leidenschaft sterben als vor Langeweile.
Vincent van Gogh

Das passte nicht zu den Problemzonen, die wir gefunden hatten. Als wir Erich die Löcher zeigten, wollte er von den Schwachstellen nichts gewusst haben. Das war etwas schwer zu glauben, weil wir beim Renovieren ein Loch gefunden hatten, das mit Kreide umkreist und mit der Markierung »Loch« versehen war. Wir verhandelten hart, und am Ende fanden wir eine finanzielle Einigung, mit der keiner glücklich, aber jeder so halbwegs zufrieden war.

Die Schäden am Schiff warfen uns im Zeitplan, der fast schon keiner mehr war, noch weiter zurück. Die Renovierungsarbeiten konnten erst mal nicht in vollem Tempo weitergehen, weil die oberste Priorität nun darin bestand, das Schiff vor dem Sinken zu bewahren. Aufgrund der Schäden musste beim Hämmern und Abkratzen des Rostes nun besonders sanft gearbeitet werden. Das alles kostete Zeit.

Ich schrieb damals:

Jetzt bereiten wir alles für den Transport in die Werft vor. Das heißt, Schotten dichtmachen (Schotten sind so etwas Ähnliches wie Tankdeckel). Alle Löcher abdichten. Und alles so weit vorbereiten, dass das Schiff in die Werft geschleppt werden kann.

Erst dort kann entschieden werden, wie viel Stahl ausgebessert werden muss. Die Schätzungen liegen bei mindestens 15 qm – im besten Fall vielleicht etwas weniger. Im schlimmsten Fall das Dreifache. Ein qm Stahl kostet ca. 120 Euro plus Arbeitszeit.

Im Rückblick staune ich, dass ich in all dem Schwierigen gelassen bleiben konnte. Das hat zum einen vermutlich damit zu tun, dass ich mein Vertrauen zu Gott als Anker erlebe, der mich hält, auch wenn es stürmt. Und vielleicht auch damit, dass ich mich entschieden habe, Probleme anzupacken, statt lange zu jammern.

Kurz zu jammern ist gut und wichtig, weil der Schmerz und die Traurigkeit es brauchen, zum Ausdruck gebracht zu werden. Und der Grundsatz, immer alles anzupacken, hat mich manchmal dazu verleitet, auch an aussichtslosen Unternehmungen festzuhalten und dabei viel Zeit und Kraft zu verlieren. Doch in den meisten Fällen halte ich die Devise »Vertrauen und nicht lange jammern, sondern anpacken!« für eine sinnvolle Strategie, um gut durchs Leben zu kommen.

Das Positive, das ich in der Krise sehen konnte, war die Sicherheit, die ich durch die professionelle Sanierung des Stahls gewinnen würde. Ich schrieb:

Der Vorteil ist: Wenn es einmal fachmännisch gemacht ist, ist man auf der sicheren Seite – für eine lange Zeit. Dann werde ich erst einmal tief durchatmen.

Wie sich später herausstellen sollte, war die Wahl der Werft nicht gerade glücklich gewesen. Wir buchten eine, die bald Zeit hatte und sich relativ nah an unserem Liegeplatz befand – jeder Kilometer Transport des maroden Schiffes beinhaltete ja ein Risiko. Und sie sollte bezahlbar sein.

Später erfuhren wir von Alteingesessenen, dass unsere Werft kurz vor dem Konkurs stand und absichtlich zu niedrige Angebote machte, um Kunden anzulocken, und in der Abschlussrechnung kräftig draufschlug. Das sollten auch wir erleben.

Damals wussten wir das noch nicht. So ärgerlich Fehler sind, ich übe mich darin, mich deswegen nicht anzuklagen. Fehler macht man, weil man es nun mal nicht besser weiß. Wer nichts tut, macht noch mehr falsch.

»Im Nachhinein sind wir alle Genies«, sagte Siang Be, einer meiner Ausbilder im Coaching, oft. Ich kann mich an eine

Phase in der Anfangszeit meines Verlags erinnern, in der ich über die Fehlentscheidungen der ersten beiden Jahre nachgedacht habe: Anmietung von Räumen, die wir letztlich nicht brauchten, verunglückte Buchcover, Wahl von Themen, die für unsere Kunden keine Relevanz hatten.

Ich entschied mich in einem Moment von unglaublichem Mut oder Wahnsinn – so genau weiß ich es nicht –, den finanziellen Verlust, den ich durch diese Fehler erlitten hatte, zusammenzurechnen. Als ich die große Summe mit mehreren Nullen hintendran schwarz auf weiß vor mir sah, erschreckte mich das dann doch.

Ich formulierte erschrocken ein Gebet: »Herr, schau mal, was mich meine Fehler gekostet haben!« Direkt nach dem Gebet war mir, als ob ich innerlich eine warme Stimme hörte, die mir sagte: »Das habe ich alles einkalkuliert!« Ob es Gott selbst war, der da zu mir gesprochen hat, kann ich natürlich nicht mit Sicherheit sagen. Doch ich weiß: Dieser eine Satz, der Gedanke, dass Fehler einfach dazugehören, brachte mir tiefen Trost. Ich dachte in den folgenden Jahren immer wieder an ihn, wenn mir Fehler unterlaufen sind.

Seit dieser Zeit haben Fehler für mich ihren Schrecken verloren. Ich versuche natürlich, unnötige und vor allem emotional oder finanziell kostspielige Fehler zu vermeiden. Doch wenn mal ein Fehler passiert, bestrafe ich mich nicht auch noch mit selbstkritischen Gedanken. Vielmehr lerne ich daraus, so gut ich kann. Ich weiß: Fehler gehören zum Leben. Sie sind mit einkalkuliert.

Die Lehre, die ich aus dem Fehler von damals gezogen habe: Hol dir Referenzen von Leuten ein, die mit einer Firma gearbeitet haben, bevor du jemanden für ein großes Projekt engagierst. Ich brauchte den Fehler, um das zu lernen. Und kann so hoffentlich in Zukunft andere Fehler vermeiden. Auch das ist gut.

Wir planten, mein Schiff Anfang Januar auf die Werft zu bringen. Dort sollte die Triton drei Wochen bleiben, neue Stahlplatten und einen neuen Unterwasseranstrich erhalten. Das war der Plan. Wie noch mal war das mit »Gott zum Lachen bringen«?

DURCHATMEN? DENKSTE!

Oder: Wie man auf dem Trockenen absäuft. Und wie man die Hoffnung behält, wenn es nur noch finster aussieht.

Winter 2012/2013: Zum ersten Mal seit Beginn der Bauphase klangen meine Blogeinträge nicht mehr nur freudig und hoffnungsvoll. Neben der optimistischen Grundnote schwang nach sechs Monaten, die reich an gescheiterten Plänen waren, auch etwas Müdigkeit und Erschöpfung mit.

Nichts bringt uns im Leben mehr voran als eine Pause.

Elizabeth Barret Browning

Das Schiffsprojekt begeistert mich nach wie vor. Aber es gibt auch Frusterlebnisse. Etwa die Lecks und die vermutlich hohen Zusatzkosten, die da auf mich zukommen. Und praktische Herausforderungen.

Um das Schiff zur Werft transportieren zu können, brauchen wir einen Generator, der im Notfall – sollten wir lecklaufen – die Pumpen betreibt. Ich habe einen bei Ebay gesehen, der PERFEKT war ... hab 30 Sekunden vor Schluss ziemlich viel geboten – und wurde in der letzten Sekunde überboten ...
Ich bin total traurig und enttäuscht.
Und ratlos: Den Generator brauchen wir für Anfang Januar, und es ist nicht so einfach, so was zu finden. In alldem innerlich ruhig zu bleiben fällt mir ziemlich schwer. Meine Gedanken kreisen; suchen nach Lösungen.

Es mag sein, dass meine Pläne Gott zu einem freundlichen, väterlichen Lachen gebracht haben – im Sinne von »Ganz so, wie du es dir vorstellst, wird es nicht kommen«. Doch für mich war es emotional und mental erschöpfend, fast im Zweiwochentakt damit klarzukommen, dass ein guter Plan von mir nicht funktionieren würde oder ein Rückschlag uns im Zeitplan zurückwarf.

Zu diesem Zeitpunkt begannen Menschen mich regelmäßig zu fragen, ob mein Schiff schon fertig sei. Sie hatten, glaube ich, kaum eine Vorstellung davon, wie aufwendig so ein Projekt ist. Franz hatte mir ja Fertigstellung des Schiffes innerhalb von zwei Jahren garantiert. Nach sechs Monaten Hindernislauf waren wir noch intensiv mit der Sanierung der Substanz beschäftigt. Wir waren weit davon entfernt, überhaupt mit dem Ausbau zu beginnen.

In dieser Zeit tat es gut, Freunde zu haben, die mir ihr Ohr liehen, sich meine Sorgen anhörten, mich darin aber nicht versinken ließen.

Vorgestern sprach ich am Telefon mit einer Freundin über alle Krisen beim Schiff. Sie erinnerte mich an eine Situation, die sie erlebt hat. Sie war vor einigen Jahren nahe am Burnout gewesen und hatte sich deshalb eine Kur verschreiben lassen.

Am ersten (!) Tag der Kur wurde ihre Mutter plötzlich ins Krankenhaus eingeliefert. Es war nicht klar, ob sie die Kur abbrechen muss, um sich um die Mutter zu kümmern. Sie war verzweifelt, weil sie die Erholung so dringend brauchte. Damals hatten wir telefoniert. In einem Anflug von Weisheit hatte ich ihr damals gesagt: »Du musst in der Gegenwart bleiben. Das ist deine Herausforderung.«

Daran erinnerte sie mich jetzt. Sie hat recht. Über manche Dinge muss man konstruktiv nachdenken und nach Lösungen suchen. Aber generell hilft das Grübeln nicht weiter. Lenkt nur ab von dem, was jetzt ist.

Ich entschied mich, die Zeit, in der das Schiff auf der Werft sein würde, für eine Pause zu nutzen. Schon lange hatte meine beste Freundin Rosemarie und mich ein Gästehaus in Wales interessiert, das dafür bekannt war, dass Menschen dort besonders tiefe spirituelle Erfahrungen machten, sein Name: Ffald-y-Brenin.

Wir flogen mit einem Billigflieger nach Bristol und fuhren mit einem Mietwagen weiter. Ein Albtraum. Schlechte Sicht, Sturmregen, kniehohe Wasserlachen und extrem enge Straßen. Erst als wir erschöpft bei den Freunden ankamen, die uns in der ersten Nacht beherbergten, stellten wir fest, dass wir das Navi versehentlich auf »kürzeste Route« gestellt hatten. Die kürzeste Strecke ist im Leben wie auf der Straße bekanntlich nicht immer die schnellste – wir hätten auch bequem auf der Autobahn fahren können und wären schneller und entspannter zum Ziel gekommen.

Tiefer im walisischen Inland gab es die Option Autobahn nicht mehr. Mit einem fremden Auto im Linksverkehr durch von Hecken begrenzte Straßen zu fahren ist extrem herausfordernd. Auf der »falschen« Seite sitzend ist es schwer, den Abstand zu den begrenzenden Hecken abzuschätzen. Es zeichnet die Qualität unserer Freundschaft aus, dass der jeweilige Beifahrer aus Angst insgesamt ein paar Hundert Mal sagte: »Könntest du bitte etwas weiter in der Mitte fahren!«, und dabei freundlich blieb.

Eine andere Qualität einer guten Freundschaft ist Beistand.

Wir hatten drei ruhige Tage in Wales, als mich eines Morgens die Katastrophe per SMS von Franz erreichte: »Es gab in der Nacht Hochwasser. Das Schiff wurde geflutet. Wir pumpen seit Stunden, jetzt geht das Wasser langsam zurück, aber wir sind bis vorne vollgelaufen. :-(Back to work now. Sorry for the bad news.«

Direkt danach fiel das Handy von Franz ins Wasser und musste erst einmal trocknen, bevor es wieder einsatzfähig war. Es dauerte deshalb Stunden, bis ich wieder von ihm hörte und erfuhr, dass das Wasser auf dreieinhalb Meter angestiegen war und Seminarraum und Maschinenraum des Schiffes geflutet hatte.

Doch das wusste ich noch nicht. Ich war wie vor den Kopf geschlagen. Hochwasser auf der Werft? Das musste ein Witz sein, doch die SMS klang nicht danach, sondern nach bitterem Ernst. Ein Schiff voller Wasser? So war das nicht gedacht.

Nachdem ich einige Minuten nur erstarrt gesessen hatte, zeigte ich die SMS meiner Freundin Rosemarie. Sie war ebenso entsetzt wie ich, doch nach einigen Minuten gewannen ihr Gottvertrauen und Pragmatismus die Oberhand: »Wir müssen zum Kreuz!«

Das meinte sie zum einen symbolisch – das Kreuz symbolisiert ja, dass ein liebender Gott uns Menschen nahekommen und beistehen will. Sie hatte aber auch ein handfestes Kreuz im Sinn: Einige Gehminuten von dem Gästezentrum entfernt war ein drei Meter hohes Kreuz auf einem Hügel errichtet worden.

Ein irischer Mönch hatte im Mittelalter dort gelebt – die damals noch heidnischen Bewohner des Tales waren ihm und seiner Botschaft alles andere als wohlgesinnt. Immer wenn die Anfeindungen unerträglich groß wurden, ging er auf diesen Hügel, um göttlichen Beistand zu erbitten. In guten Zeiten auch nur, um mit seinem Gott Gemeinschaft zu pflegen. Wenn der Mönch dort betete, sahen die Bewohner des Tales oft Lichter und andere übernatürliche Erscheinungen und nannten den Ort »Hügel der Engel« – den Namen trägt er bis heute.

Rosemarie war klar, dass diese heftige Krise einen ebenso intensiven wie sichtbaren Ausdruck des Gottvertrauens brauchte, und so machten wir uns, Regen und Sturmböen trotzend, auf den Weg zum Kreuz auf dem Hügel der Engel.

Der Wintersturm, der die Wasserfluten aus der Nordsee nach Hamburg gedrückt und für die Überflutung gesorgt hatte, wütete auch in Wales, sodass wir uns gegen die Böen anstemmen und am Kreuz festhalten mussten. Auch innerlich fühlte es sich an, als ob Katastrophe nach Katastrophe alle Mächte der Hölle und des Unglücks gegen mich und mein Projekt aufgestanden waren.

Wir schrien unsere Verzweiflung in den Himmel, aber auch das Vertrauen, dass Gott mit uns gegen alle Schwierigkeiten stehen würde. Das musste mal gegen den Wind geschrien werden. Am Kreuz.

Einige Stunden später klarte das Wetter auf, und ich machte einen Spaziergang durch kniehohe Heide und kleine Wälder. Ich staunte, wie ruhig ich trotz der Katastrophe, deren Ausmaß ich noch nicht absehen konnte, war. Ich habe keine wasserdichten Erklärungen, wo und wie Gott am Handeln ist und wo nicht. Ich vermute, dass es gute und schlechte Dinge gibt, die einfach so passieren. Zugleich glaube ich, dass es Situationen gibt, die Gott zulässt oder sogar bewusst initiiert – die er, zum Beispiel auf ein Gebet hin – aktiv gestaltet.

In früheren Jahren hatte mein Glaube darin bestanden, zu vertrauen, dass ein guter Gott mich in seiner Liebe vor allen größeren Katastrophen bewahren müsste. Als sich diese Erwartung nicht erfüllte, ist mein Gottvertrauen fast zerbrochen.

Doch dann ist mein Glaube gereift – von der naiven, kindlichen Erwartung, vor allem Schlimmen bewahrt zu werden, zu einem tieferen, sturmfesten Vertrauen in Gottes gutes Wesen. Ich habe es für mich so formuliert: »Gott ist ein guter Vater. Manchmal beschenkt er mich in seiner Güte. Manchmal trainiert er mich.« Das hier war offensichtlich Training der härtesten Art – so etwas wie ein spiritueller Ironman. Puh!

LANGER ATEM

Oder: Wie es sich anfühlt, wenn man auf Metall festfriert. Und was man tut, wenn alle Pläne in der Winterkälte erstarren.

Zurück in Deutschland, erfuhr ich die Details der Katastrophe: In der Nacht von Mittwoch auf Donnerstag gab es in Hamburg Hochwasser. Wieso das Werftgelände das so stark abbekommen hat, ist nicht klar. Die hatten sonst maximal anderthalb Meter Hochwasser. Diesmal waren es dreieinhalb Meter! Das Hafenamt hatte in seiner Unwetterwarnung nur einen Meter Flut prognostiziert.

Der Langsamste, der sein Ziel nicht aus den Augen verliert, geht noch immer geschwinder als jener, der ohne Ziel umherirrt.

Gotthold Ephraim Lessing

Als die Flut mitten in der Nacht kam, war niemand auf der Werft. Die Werft ist so gebaut, dass man Schiffe mit einer sogenannten Slipanlage aus dem Wasser auf einer Schräge weiter an Land ziehen kann. Mein Schiff lag relativ nah am Wasser – man hätte es problemlos einige Meter weiter nach oben ziehen und vor Schaden bewahren können. Aber da ja nur ein Meter Flut angekündigt worden war, hatte das niemand für nötig gehalten.

Für die Renovierungsarbeiten war ein Teil der alten, löchrigen Platten entfernt worden. Durch die großen offenen Flächen kam das Wasser ungeschützt in mein Schiff.

Der Seminarraum und Maschinenraum wurden geflutet.

Das Wasser blieb im Schiff, auch als der Wasserstand bereits gesunken war. Es hatte sich an Stellen ausgebreitet, von denen aus es nicht mehr gut abfließen konnte. Zum Teil mussten Löcher in den intakten Schiffsrumpf gebohrt werden, um wenigstens einen Teil davon wieder loszuwerden.

Immerhin: Das Wasser ging nur bis einen Zentimeter unter die Schwelle zu den Schlafräumen. Ein Zentimeter höher und ein großer Teil der Arbeit der letzten Monate (Entrosten und Boden-Verlegen) wäre umsonst gewesen, wir hätten alles rausreißen und neu machen müssen. Dass das Wasser nicht in diese Bereiche eingedrungen war, empfand ich als Geschenk.

Trotzdem war es übel: Ich war nun nicht mehr nur Besitzerin eines alten, rostigen Schiffes, sondern Eignerin eines alten, rostigen Schiffes, das zu allem Überfluss mit salzhaltigem Wasser und Schlamm und Dreck vollgelaufen war – na prima.

Kurz nach meiner Rückkehr aus Wales fuhr ich zum Schiff. Die Temperaturen lagen bei minus zehn Grad. Der Stahl des Schiffes war gefroren. Man musste aufpassen, nicht mit bloßen Händen an eine Wand zu fassen – die Gefahr, festzufrieren und sich beim Abreißen zu verletzen, war groß. Auch mit mehreren Schichten Kleidung war es fast unmöglich, warm zu bleiben. Es war hart, unter diesen Bedingungen an Bord zu arbeiten – aber nötig. An vielen Stellen stand das Wasser im Schiff noch 20 Zentimeter hoch und musste schnell entfernt werden. Wäre es gefroren, wäre der Schaden noch größer geworden.

Nach den drei Tagen schrieb ich:

Ich habe vor allem dort Rost abgekratzt und abgesaugt, wo Franz als Mann wegen der Enge nicht so gut hinkam. Selbst für mich war es ziemlich herausfordernd, weil überall Querstreben im Weg waren.

Am Ende war der Rost überall: auf der Kleidung, im Gesicht.
Am Abend begrüßte mich eine Freundin: »Du bist aber braun
für Januar.« Der Teint änderte sich bald. Nach dem Duschen
war ich wieder rosa, dafür war die Badewanne braun.
Aber wir haben gut was geschafft. Etwa fünf Eimer(!) voll
Rost wurden entfernt, jede Menge Wasser – von der Flut – ab-
gesaugt, mit Schwämmen in Eimer gedrückt und Stahl
zersägt. Dass wir so erfolgreich waren, lag auch daran, dass
so viele mitgeholfen haben. Freitag und Samstag hat Bianca
aus Süddeutschland mit angepackt. Sie ist extra zum Helfen
nach Hamburg gekommen. Sie hat gekratzt und gesaugt wie
eine Weltmeisterin – eine echte Heldin! Danke, Bianca!

In den Tagen wurde mir auch das ganze Ausmaß des Schadens klar: Die beiden betroffenen Räume waren mit Rost und Dreck überzogen. Die Tanks waren durch den Druck des Wassers geborsten. Sie mussten gereinigt und repariert werden. Eine garstige Arbeit, weil die Eingänge zum Tank sehr eng sind. Und das Getriebe und der Motor standen unter Wasser. Alles musste ausgebaut werden – der geplante Verkauf des Motors wurde sehr unwahrscheinlich. Das ganze Schiff war feucht und nass und musste trocken geblasen werden.

Einige Jahre vor dem Geschehen hatte mich ein Text Rick Warrens beeindruckt, den ich auf dessen Website (www. pastorrick.com) gefunden hatte. Der Pastor hatte erlebt, dass seine Gemeinde an Dynamik zunahm und aufblühte. Zeitgleich kämpfte seine Frau mit Krebs. »Wir glauben oft, dass Leben aus Höhen und Tälern besteht«, schildert er diese Zeit,

»tatsächlich ist es mehr wie Eisenbahngleise. Jeden Tag deines Lebens passieren wunderbare, gute Dinge, die dir Freude und Zufriedenheit und Schönheit schenken. Zur genau gleichen Zeit geschehen schmerzhafte Dinge oder die, die du liebst, enttäuschen dich, verletzen dich oder erfüllen dein Leben mit Schmerz. Diese zwei Schienen – sowohl Freude als auch Schmerz – laufen parallel in jedem einzelnen Moment deines Lebens.«

Mir half der Gedanke, mich nicht der unrealistischen Hoffnung hinzugeben, das Leben würde irgendwann einmal zu einem fernen Zeitpunkt mal einfach nur gut werden. Er schützte mich auch davor, zu versuchen, das Schöne mit dem Schweren zu vermischen.

Manche Menschen tun das ja. Wenn man ihnen von einer schweren Situation im Leben erzählt, wiegeln sie gleich ab: »Aber du hast ja eine gute Familie, liebe Freunde, immerhin ein Dach über dem Kopf.« Das ist, als wollte man Zucker und Salz vermischen.

Als Kind habe ich das tatsächlich einmal gemacht. Meine Eltern kauften beide Gewürze in großen Säcken ein. Als Dreijährige entdeckte ich dieses faszinierende Spielzeug und erkannte den feinen Unterschied zwischen beiden weißen Körnern nicht. Voller Freude schaufelte ich die Körner von einem Sack in den anderen. Heraus kam mein Experiment erst, als mein Vater sich wunderte, warum sein Tee so komisch schmeckte.

Ich habe gelernt: Wenn man Salz und Zucker mischt, wird beides unappetitlich. Schmerzhaftes zu mildern, indem man krampfhaft versucht, Schönes beizumischen, ist emotional genauso widerwärtig. Schmerzhaftes darf als solches wahrgenommen und mit Trauer, Trost und praktischen Maßnahmen bewältigt werden. Und Schönes darf bejubelt und gefeiert werden. Manchmal beides nebeneinander – nur eben nicht vermischt.

Damals habe ich in meinem Blog drei Listen gemacht:

Was schrecklich ist
- *Das kostet alles Zeit und unnötig Geld (längerer Werftaufenthalt) und Mühe. Das hätten wir eigentlich nicht gebraucht.*
- *Es sind Dinge zerstört worden (die Tanks), die teuer zu ersetzen sind.*
- *Das schöne Schiff ist jetzt voller Elb-Dreck.*

Wofür ich dankbar bin
- *Dass das Wasser einen Zentimeter vor der Schwelle zum nächsten Raum stehen blieb.*
- *Dass das Schiff nicht, wie andere Schiffe auf der Werft, aus der Verankerung gerissen ist und abgetrieben wurde.*
- *Dass wir eine Live-Demo bekommen haben, wo das Schiff noch Schwachstellen hat, aber auch, wo es gut hält!*
- *Dass Franz, den das natürlich mitgenommen hat (»Als ich das sah, hätte ich fast geheult«), jetzt alles Nötige tut, um den Schaden zu minimieren.*

Was wir jetzt machen
- *Wir werden zwei Trockengebläse kaufen, damit das Schiff vor dem nächsten Frost trocken ist. Die kosten so um die 600 Euro.*
- *Ich habe die Versicherung informiert. Solange der Gutachter*

nicht da war, dürfen wir nichts reparieren. Dann werden wir
das tun, so schnell es geht.

  · Gott danken für die Bewahrung vor noch Schlimmerem und
  ihn bitten, dass er auch aus dieser Katastrophe etwas Gutes
  macht – für mich und das Projekt und auch für Franz.

Die Versicherung übernahm 1000 Euro von dem Schaden, was mein Vertrauen in die Branche nicht wirklich stärkte. Die Summe haben wir allein für die Stromkosten zum Trocknen verbraucht. Die unzähligen Arbeitsstunden, um den Schaden zu beheben, mussten wir selbst leisten – und ich war und blieb dankbar, dass immer mal wieder Freunde und Bekannte einige Stunden zum Helfen aufs Schiff kamen.

Es dauerte trotzdem sehr lange. Die Verzögerung lag vor allem am eisigen Wetter – wochenlang herrschten Minustemperaturen, oft im zweistelligen Bereich. Das führte dazu, dass Mitarbeiter der Werft – zum Beispiel der einzige Schweißer – wochenlang wegen Krankheit ausfielen.

Andere rutschten auf den eisigen Böden aus und verstauchten oder brachen sich Gliedmaßen. Der heftigste Unfall passierte, als ein Büromitarbeiter aus Interesse mein Schiff besichtigen wollte. Franz hatte ihn darauf hingewiesen, dass er sich beim Abstieg in den Seminarraum gut an der steilen Leiter festhalten müsste.

Er ignorierte den Hinweis, verlor den Halt und stürzte aus anderthalb Meter Höhe auf das Stahlgerippe. Der Feuerlöscher, an den er beim Sturz noch gegriffen hatte, landete auf seinem Kopf. Er kam mit einer leichten Gehirnerschütterung und dem Schrecken davon und feierte einige Tage nach dem Sturz mit allen an Bord Geburtstag, weil ihm das Leben neu geschenkt worden war.

DER HÖCHSTE PREIS

Oder: Wie ein Linsengericht mal wieder für Irritation sorgte. Und warum ein guter Name tatsächlich mehr wert ist als Gold.

Es dauerte am Ende keine drei Wochen, sondern vier Monate, bis das Schiff gereinigt, der Stahl erneuert, das Schiff im Unterwasserbereich gestrichen und mit neuen Opferanoden versehen war. Außerdem wurde es mit Ballaststeinen gefüllt, da es durch die Entfernung des dreieinhalb Tonnen schweren Motors zu leicht geworden war und nicht mehr sicher im Wasser lag.

Mancher Mensch hat ein großes Feuer in seiner Seele, und niemand kommt, um sich daran zu wärmen.

Vincent van Gogh

Dann kam der nächste Schreck.

»Kerstin, die Werftrechnung wird höher als erwartet!«, warnte mich Franz vor. »Höher« war eine milde Umschreibung für das, was ich da schwarz auf weiß vor mir sah. Die Rechnung belief sich auf die vierfache (!) Höhe des Kostenvoranschlags. Der war für mich ja schon Herausforderung genug gewesen.

Ich war tief geschockt. Franz hatte sich bei einigen Arbeiten von den Mitarbeitern der Werft unterstützen lassen. Das wurde – soweit ich das erkennen konnte – recht großzügig berechnet. Zum Beispiel wurde die Beladung des Schiffes mit einer Tonne je zehn Kilo schwerer Ballaststeine mit sechs Arbeitsstunden berechnet.

Zum Vergleich: Ich selbst habe einmal eine Tonne Ballaststeine allein in einer halben Stunde 30 Meter weit transportiert. Dass weit stärkere Männer sechs Stunden Zeit für eine
vergleichbare Aufgabe brauchen würden, schien mir sehr unwahrscheinlich. Doch ich hatte keine Beweise in der Hand.
Schlimmer noch – die Werft hatte mein Schiff als Pfand.
Hätte ich mich auf einen Rechtsstreit eingelassen, hätten sie
mein Schiff bis zur Klärung nicht vom Stapel gelassen. Wir
hätten nicht weiterbauen dürfen und außerdem der Werft
Liegeplatzgebühr zahlen müssen. Bei 70 Euro Liegekosten
pro Tag war das kein attraktives Szenario.

Ich wusste nicht, wie ich so viel Geld in kurzer Zeit aufbringen sollte. Ich telefonierte mit dem Besitzer der Werft und bat
ihn, einige Posten zu korrigieren und die Rechnung in Etappen zahlen zu dürfen, da ich mit einer Forderung in der Höhe
nicht gerechnet hatte. Er ging halbherzig auf meine Bitte um
Korrektur ein, lehnte aber die Ratenzahlung rundweg ab. Er
hatte zu viele schlechte Erfahrungen mit säumigen Kunden
gemacht.

So schnell gab ich nicht auf. »Was können Sie mir an Si-
cherheiten bieten?«, fragte er schließlich. Ich antwortete: »Ich
habe einen guten Namen. Viele Menschen kennen und schät-
zen mich. Ich kann es mir nicht leisten, mein Wort zu brechen
und Rechnungen nicht zu zahlen. Das würde meinen Ruf ruinieren!« Zu meinem Erstaunen sagte er Ja. »Wenn Sie die
erste Hälfte innerhalb einer Woche zahlen, können Sie das
Schiff mitnehmen.« Das Problem war somit halb gelöst. Jetzt
stand ich vor einem zweiten Problem: Wie sollte ich so viel
Geld in so kurzer Zeit zusammenbringen? Es war ja immerhin noch das Doppelte dessen, was ich veranschlagt hatte.

Ich bloggte mal wieder. Unter der Überschrift: »Werftpiraten haben das Schiff gekapert – ich brauche Lösegeld« beschrieb ich die Situation. Die Überschrift war zwar nicht sonderlich diplomatisch, machte aber die Dringlichkeit deutlich. Am Tag nach dem Hilferuf fuhr ich nach Hamburg. Da ich trotz allem optimistisch war, wollte ich helfen, das Schiff startklar zu machen.

Was dann geschah, überrascht mich noch heute. Unterwegs prüfte ich meinen Kontostand. Im Minutentakt traf Geld auf meinem Konto ein. Mal als Darlehn, mal als Geschenk. Mal größere Summen, mal kleinere. Am Ende hatten mehr als 200 Menschen geholfen, das »Lösegeld« zusammenzubringen.

»Ein guter Name ist mehr wert als Reichtum«, heißt es im Buch der Sprüche. Ich hatte offensichtlich tatsächlich einen guten Namen – Menschen vertrauten mir und unterstützten mich.

Es war eine Freude, mit dem »freigekauften« Schiff zurück an den Liegeplatz zu fahren und einige der Unterstützer und Freunde, die im Mai 2013 anlässlich des Kirchentages in Hamburg waren, an Bord begrüßen zu können. Ich zeigte ihnen voller Freude mein Schiff, auch wenn dort nur wenig Beeindruckendes zu sehen war – lediglich einige Wände, an denen nun kein Rost mehr zu sehen war.

Wir hatten ja »nur« renoviert. Die Arbeit, die in diesem ersten Jahr steckte, war für Menschen, die diese harte Phase nicht mitgemacht hatten, kaum zu erkennen.

Das ist im Leben ja häufig so. Es ist oft langwierige und tiefe Renovierungsarbeit in der Seele nötig, bevor positive Veränderungen auch für andere erkennbar sind. Manchmal kann das entmutigend sein, wenn so lange vermeintlich nichts geschieht. Doch das gründliche Sanieren ist die Voraussetzung dafür, dass die Veränderungen nachhaltig Bestand haben und es sich nicht nur um eine schöne Fassade handelt, die beim nächsten Sturm zerbricht.

Gemeinsam mit meinen Gästen an Deck zu sitzen, sich zu unterhalten und auf einem improvisierten Grill leckeres Essen zuzubereiten war ein Genuss, auch wenn alle Versuche, einen Fisch an die Angel zu bekommen, misslangen. Diese Stunden erfüllten mich mit tiefer Zufriedenheit, weil sie mir einen Vorgeschmack dessen gaben, wofür ich das Schiff gedacht hatte: für Begegnung, Nähe und wenn möglich auch innere Veränderung. Menschen und die Verbindung zu ihnen sind für mich einfach das Kostbarste im Leben.

Die Werftkosten waren finanziell der größte Einzelposten beim Schiffsbau. Doch wenn man mich fragt, was mich in dem Projekt am meisten gekostet hat, würde ich – weil für mich Beziehungen das Kostbarste im Leben sind – sagen: Es war der Bruch einer kostbaren Freundschaft.

Elisabeth und ich hatten uns bei einer Tagung kennengelernt und sofort tief unterhalten und eine enge Verbindung aufgebaut. Wann immer ich in ihrer Gegend war, besuchte ich sie. Manchmal kam sie zu mir, oder wir trafen uns für ein oder zwei Tage an einem schönen anderen Ort. Wir unterstützten uns, so gut wir konnten, und schrieben uns viel – manchmal mehrere, oft sehr persönliche Mails pro Tag.

Sie war es, die mich ermutigt hatte, nicht nur am Schreibtisch zu sitzen, sondern stattdessen Wege zu suchen, wie ich direkter mit Menschen arbeiten könnte. Damit leitete sie den Beginn meiner Coaching-Laufbahn ein – etwas, wofür ich ihr für immer dankbar sein werde.

Ich kann nicht genau sagen, welchen meiner drei Berufe ich am meisten liebe. Meine Tätigkeit als Verlegerin erfüllt mich mit Freude und Zufriedenheit – es ist etwas Wunderbares, hilfreiche und schön gestaltete Inhalte zu Menschen zu bringen, auch wenn ich auf den organisationslastigen Teil des Berufes durchaus verzichten könnte.

Als Autorin Menschen zu inspirieren und immer wieder das Feedback zu erhalten, dass meine Gedanken ihnen weitergeholfen haben, macht mich glücklich.

Als Coach und Referentin schließlich leuchten meine Augen, wenn ich sehe, dass meine Coaching-Gäste oder Zuhörer Aha-Erlebnisse haben, sich Knoten lösen und Menschen Lösungen finden. Ohne Coaching würde mir sehr, sehr viel Freude fehlen.

Das Schiff zu bauen hatte viel Zeit und emotionale Kraft gekostet, die natürlich für Beziehungspflege fehlte. Der intensive Kommunikationsfluss zwischen Elisabeth und mir wurde zu einem dünnen Bach.

Als Elisabeth mich eines Tages fragte, ob wir mal wieder ein paar Tage Zeit miteinander verbringen könnten, sagte ich zu. Es war ein Fehler. Ein Bauwochenende mit Helfern an Bord bot nicht den Raum, unsere Beziehung zu pflegen.

Bei einem Spaziergang erzählte sie mir von inneren Prozessen. Ich hörte zu, machte sie aber gleichzeitig auf die Schönheit der Umgebung aufmerksam – etwas, was ich gern mit ihr teilen wollte. Für mich ist das ganz normal.

Mit einer anderen engen Freundin gehe ich gern durch Designläden. Oft sind wir in ein intensives Gespräch vertieft, und gleichzeitig sehen unsere Augen die inspirierenden Dinge – und wir machen einander darauf aufmerksam. Das kann dann so klingen: »Neulich hatte ich einen heftigen Konflikt mit xy – schau mal, die Lampe ist cool –, der hat mir vorgeworfen, ich würde ... boah, das ist ja mal ein origineller Garderobenständer.«

Im Nachhinein wurde mir klar, dass Elisabeth anders gestrickt ist als ich und sie meine Hinweise auf die Umgebung wohl als mangelndes Interesse an dem, was sie erzählte, wertete. Was es nicht war. Ich hörte ihr voll zu. Und hatte aber die Augen offen und wollte gleichzeitig meine Freude über meinen ästhetischen Genuss teilen.

Am Ende scheiterte die Beziehung an einem Linsengericht. Essen war schon immer ein Konfliktpunkt in unserer Freundschaft gewesen. Für sie ist ausgiebig für jemanden zu kochen ein Ausdruck ihrer Liebe. Sie hat mich, wenn ich sie besuchte, oft mit extrem leckerem Essen verwöhnt. Weil es ihr so wichtig ist, erwartete sie das Gleiche auch von mir.

Das kleine Problem: Ich koche zwar nicht schlecht, aber nur selten, und wenn, dann eher einfach. Ich sage nur: Eintopf. Als ich nach 18 Jahren aus meiner Wohnung auszog, wies nur eine meiner Herdplatten Gebrauchsspuren auf. Im Schiff gibt es deshalb auch nur zwei Herdplatten. Das genügt mir. Selbst in Zeiten hochgradiger Verliebtheit habe ich für den besonderen Menschen nie Vier-Gänge-Menüs gezaubert, sondern maximal so etwas wie Grünkernbratlinge auf der einen Herdplatte und dazu richtig leckeren Salat.

Weil ich wusste, wie wichtig Essen für Elisabeth war, stand ich also, obwohl ein harter Arbeitstag an Bord vor uns lag, extra früh auf, um eine große Schüssel nahrhaften Linsensalat zu machen. Ich schnippelte Tomaten, Gurken, Paprika, Zwiebeln, Petersilie klein und verfeinerte es herzhaft mit einer Menge guter Gewürze.

Wie entsetzt war ich, als sie beim Mittagessen ausrief: »Das kann ich nicht essen – da ist eine Zutat drin, die mir üblen Mundgeruch macht.« Sie verließ den Mittagstisch und ging frustriert zu einem Supermarkt, um sich anderes Essen zu holen.

Als wir später am Telefon darüber sprachen, warf sie mir vor, sie nicht genug versorgt zu haben. In den beiden Tagen hätte sie zwei Kilo abgenommen. Ich kann mir bis heute nicht vorstellen, dass das tatsächlich der Fall war. Wenn es tatsächlich so wäre, könnte ich damit wohl viel Geld verdienen: »Kommt zu mir und ihr werdet schnell eure Pfunde los!«

Ich vermute, dass die Aussage ein Ausdruck ihrer Enttäuschung darüber war, dass ich ihr nicht mehr Zeit und Aufmerksamkeit geschenkt habe. Ich wiederum war gestresst von dem, was ich als Erwartungsdruck und mangelndes Verständnis für mich und meine Situation empfand. Mir fehlte ihre Anerkennung, dass ich mir im Rahmen meiner Kochkünste extra viel Mühe gegeben hatte.

Am Ende spürten wir beide: Es würde in der aktuellen Situation nicht möglich sein, die Freundschaft auf eine Weise fortzuführen, die für uns beide gewinnbringend war. Wir entschieden uns, die Freundschaft erst einmal zu beenden. Das war schmerzhaft, aber auch angemessen angesichts dessen, was an Zeit und innerer Kraft vorhanden war.

Ich hatte gehofft, dass wir in einer entspannteren Lebensphase wieder neu an unsere guten und wertvollen Zeiten anknüpfen könnten. Doch als ich ihr später einmal schrieb und darauf keine Antwort bekam, wurde mir klar, dass der Abschied wohl ein Abschied für immer gewesen war.

Vielleicht wäre die Freundschaft irgendwann an unserer

unterschiedlichen Entwicklung zerbrochen. Doch sicher hat der Bau des Schiffes und der damit verbundene Stress die Freundschaft an der Sollbruchstelle »gegenseitige Erwartungen« schneller brechen lassen, als es vermutlich zu anderen Zeiten der Fall gewesen wäre.

In mir ist viel Freude über all das Kostbare, was am Schiff entstanden ist, und die vielen Menschen, die ich durch das Projekt kennengelernt habe und die mich unterstützt haben. Doch daneben gibt es auch die Trauer über den Verlust der Beziehung zu einer kostbaren Frau, die mir viel bedeutet und die mein Leben sehr bereichert hat.

KLARE ANSAGEN

Oder: Wie das Bild einer S-Bahn-Linie mir die
Richtung zeigte. Was es kostet, klar zu sein.

In den Frühjahrsmonaten 2013 entrosteten wir weiter. Es war
eine Freude, ab und zu mit Freunden an Bord zu sein und
dem Schiff den einen oder anderen Sack Rost abzutrotzen. Beispielsweise mit Ellie, einer Engländerin, die mich ein Wochenende lang unterstützte. Auch wenn wir den
Rost fleißig in Müllsäcke schaufelten, blieb
doch ein erheblicher Teil an unseren Ar-
beitsklamotten, Gesichtern und in unseren
Haaren hängen.

Euer Ja sei ein Ja,
euer Nein sei ein Nein.
Jesus

An Bord gab es noch kein fließendes Wasser, deshalb waren
wir von oben bis unten schmutzig, als wir bei der *Arche Noah*,
die in unserer Nähe ankerte, um Zugang zu den Waschräumen baten. Das ist ein Ausstellungsschiff, das die biblische
Geschichte figürlich illustriert. Man sieht Elefanten, Löwen
und Affen, die es sich an Bord gemütlich machen. Wir hatten
keine Zeit für die Ausstellung, jedoch sehr großes Interesse an
den Waschräumen.

»Herr Noah« und sein Team ließen uns freundlicherweise
auch ohne Eintritt an Bord. Die anschließende Katzenwäsche
war eine der genussreichsten meines Lebens. Wir gönnten
uns in Noahs Restaurant noch ein Stück Kuchen und einen
Kaffee und amüsierten uns über das Schild: »Lass dein Geschirr ruhig stehen – Martha räumt es weg«.

Sauber, erleichtert und gestärkt gingen wir zurück zu meinem Schiff. Jeder hat sein eigenes Paket zu tragen. Ich war froh, dass ich nur mit Rost zu kämpfen hatte. Es gehört zu meinen Lebensprinzipien, mich eher mit den vielen Menschen zu vergleichen, die über geringere Ressourcen verfügen als ich: weniger Freunde, Bildung, Besitz, Einfluss. Das tut meiner Seele besser, als wenn ich mich mit den relativ wenigen Menschen auf der Erde vergleiche, die mehr besitzen als ich. Also verglich ich mich mit Noah. Er hatte wohl Elefanten und damit auch Elefantenkot an Bord. Ich frage mich, wie er den wohl entsorgt hat? Im Vergleich dazu fand ich Rost eher harmlos.

Auch wenn meine Freunde und ich es verstanden, uns schöne Momente zu gönnen, war die Tatsache, dass das Schiff in Hamburg renoviert werden musste, sehr kräftezehrend. Im Sommer 2013 kam dann auch endlich die lang ersehnte, gute Nachricht: Wir haben einen Liegeplatz in Berlin! Fündig wurde ich bei der »Bootsmanufaktur« im Südosten Berlins, die historische Boote renoviert. Das passte gut.

Es war mühsam, das in einem alten Industriegelände versteckt liegende Gebäude zu finden. Zweimal war ich auf meinem Fahrrad umgekehrt, weil ich glaubte, am falschen Ort zu sein. Doch schließlich saß ich mit Nils Claussen, dem Inhaber, auf einer Bank mit Blick auf die Spree.

Beschienen von der warmen Sommersonne, sprachen wir die Details ab. Er war offen und großherzig, und wir wurden uns einig: Ich würde für ein Jahr einen Liegeplatz bekommen, wo ich nach Herzenslust renovieren könnte. Bei Bedarf könnte ich auch die Bootsmanufaktur mit Arbeiten beauftragen, die wir selbst nicht erledigen können.

Was für eine Erleichterung! Endlich würde das Schiff zu mir nach Berlin kommen. Die zeitliche und finanzielle Doppelbelastung durch das Pendeln würde aufhören. Meine Freunde und ich könnten leichter mal einen Nachmittag oder ein Wochenende mit anpacken.

Ein Dominostein nach dem anderen fiel nun in die richtige Richtung: Es war klar, dass das frisch sanierte Schiff den Transport gut überstehen würde, und ich fand eine Firma, die den Transport übernehmen würde. Am 3. August sollte es losgehen.

Es hätte alles so schön sein können – wären da nicht die zunehmenden Spannungen zwischen Franz und mir gewesen. Wenn ich zu Arbeitswochenenden an Bord kam, fand ich das Schiff oft in extrem unaufgeräumtem Zustand vor. Werkzeuge, Kleidung am Fußboden – alles lag total unordentlich herum. Mir ist klar, dass Baustellen immer nach Arbeit aussehen, doch ich konnte nicht nachvollziehen, wieso er nicht wenigstens seine Unterwäsche vom Wohnzimmerfußboden entfernt hatte, bevor ich mit Freundinnen an Bord kam.

Dazu kam, dass wir beide nicht gut darin waren, uns Details zu merken oder sie schriftlich zu fixieren. So gerieten wir mehrfach in Konflikt: »Du hast gesagt, dass du mir das für Betrag X abkaufst.« – »Nein, habe ich nicht!« Wer recht hatte, war nicht zu ermitteln.

Ich erlebte ihn als ausgesprochen dominant: »Solange ich das Schiff renoviere, ist das mein Schiff!«, hatte er mir einmal gesagt. Jetzt wurde mir klar, dass er das tatsächlich so meinte. Er schrieb seinen Namen an die Tür des Schiffes – nicht meinen. Von mir wollte er lediglich das Geld – bestimmten wollte alles er. Das ging mir zunehmend zu weit, und die bisher gute

Das Schiff im Bau von der gegenüberliegenden Uferseite aus gesehen

Beim Entrosten im Seminarraum

Das Wohnzimmer in der Bauphase

Foto: © Privat

m Maschinenraum

Foto: © Privat

Blick in den Seminarraum

Foto: © Privat

Die Wassertanks

Foto: © Privat

An der Ankerwinde

Hier wurde das Schiff bei Hochwasser überflutet

Helfer hinterließen Segenswünsche

Blick durch das Bullauge

Kerstin Hack (pink) mit einer Freundin nach zwei Tagen Entrosten

Altmetall – nicht mehr brauchbare Teile

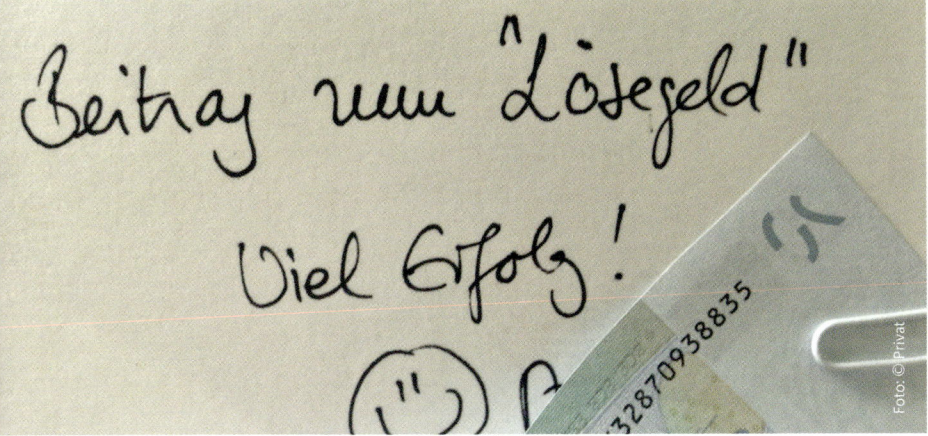

Beitrag von Freunden für die Werftkosten

Hier werden Gäste willkommen geheißen

Das Wohnzimmer heute

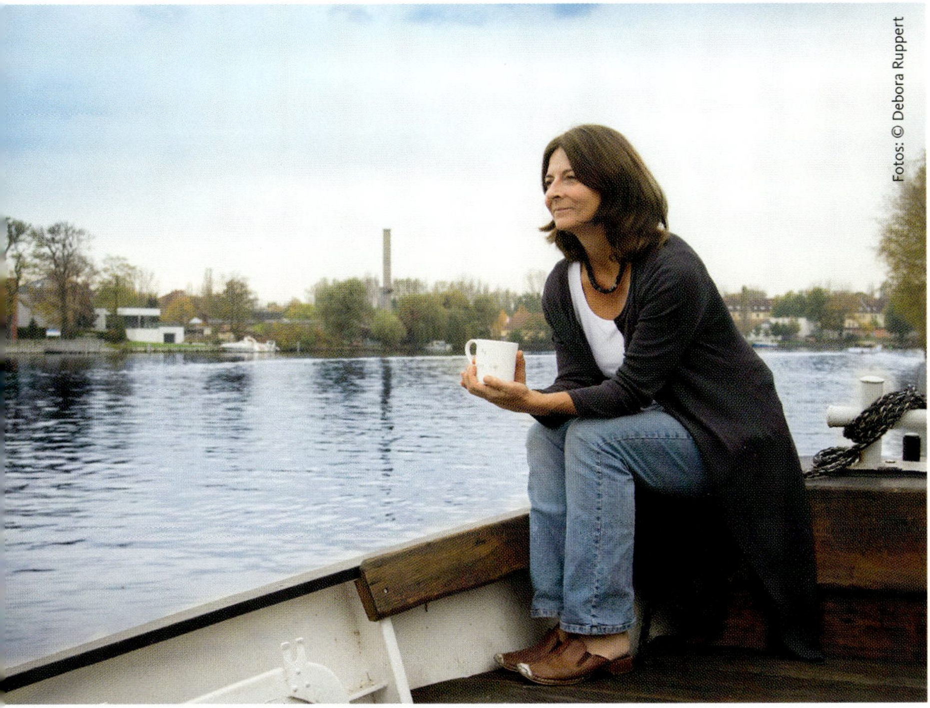

Fotos: © Debora Ruppert

Eine Pause an Deck

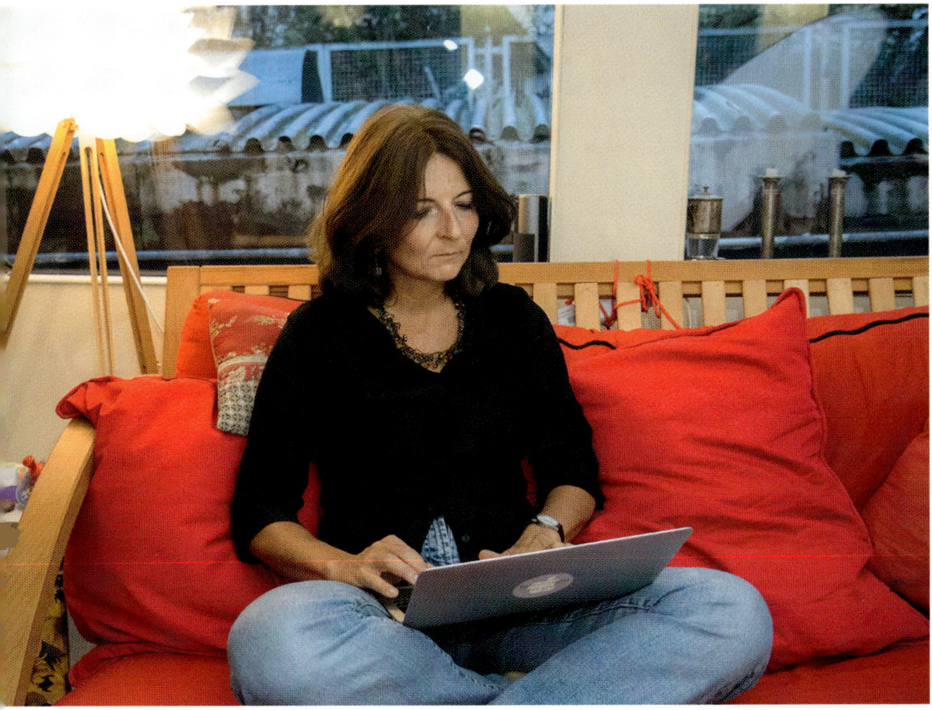

Ein Lieblingsplatz zum Schreiben

Der Traum ist wahr geworden

Beziehung zu ihm litt. Da mir Beziehungen zu Menschen weit wichtiger sind als Erfolg oder Ansehen, waren die Spannungen zwischen Franz und mir eine große Belastung.

Zu Beginn des Konflikts mit Franz war ich an einem Wochenende allein an Bord in Hamburg. Später am Tag wollten zwei Helferinnen aus Hessen kommen. Den Morgen verbrachte ich mit Aufräumarbeiten – das Schiff sah aus wie ein Schlachtfeld. Und mir wurde immer klarer, dass ich mir von Franz das Ruder hatte aus der Hand nehmen lassen. Er wollte es haben, und ich hatte es zu freimütig losgelassen.

Ich sprach am Telefon mit meiner Freundin Rosemarie darüber, und ich traf die Entscheidung: Ich nehme meine Verantwortung als Kapitänin wieder wahr und greife stärker als bisher ins Geschehen ein und mache ihm meine Erwartungen deutlich klar. Ich besiegelte die Entscheidung mit einem Gebet. Wir baten daraufhin Gott, Engel aufs Schiff zu schicken. Die Bibel beschreibt Engel als göttliche Unterstützungsmitarbeiter, die helfen, gute Pläne auszuführen.

Himmlischen Beistand konnten das Schiffsprojekt und ich mehr als genug gebrauchen, auch wenn ich noch nie einen Engel gesehen habe. Ich habe ihr Wirken bestenfalls geahnt. Etwa nach einem schweren Verkehrsunfall, den ich unbeschadet überlebt habe.

Umso erstaunter war ich, als am Nachmittag meines Gebetes Bettina, eine der beiden Helferinnen, begeistert erzählte: »Als ich vorhin auf der Brücke stand und auf dein Schiff blickte, sah ich für einen kurzen Moment acht Engel auf dem Dach des Schiffes tanzen!« – »Wie bitte?!« Bettina ist von Beruf Beamtin und ein sehr bodenständiger Mensch, das soll ja oft zusammengehören. Also niemand, der in Fantasiewelten lebt. Umso mehr hat es mich überrascht und gefreut, dass sie die himmlischen Boten wahrnahm. Das Gebet war offensichtlich erhört worden.

Sie sollte nicht die Einzige bleiben, die himmlischen Beistand wahrnahm. Die meiste Ermutigung kam von einer jungen Frau namens Karen. Sie ist jemand, der sehr empfindsam und dünnhäutig ist – so sehr, dass Krisen in ihrem familiären und sozialen Umfeld sie extrem mitgenommen und in die Bulimie und Suizidgefahr gestürzt hatten. Sie war mehr als einmal dem Tode nah.

Als ich sie kennenlernte, lag sie in der Klinik. Wenn sie Fragen über Gott und die Welt hatte, schrieb sie mir, ebenso, wenn sie aus lauter Perfektionismus und Selbstzweifel – zwei Gefühle, die sich sehr gern miteinander zu einem furchtbaren Cocktail verbinden – an sich und am Leben verzweifelte. Mehr als einmal habe ich sie ermutigt, nicht aufzugeben, sondern weiterzuleben.

Verrückterweise hat sie mich im Gegenzug in Krisen ermutigt wie kaum jemand anders. Auch wenn ihr für das eigene Leben oft der Mut fehlte, war sie voller Zuversicht, dass ich es schaffen würde – und auch, dass Gott mir beistehen würde.

Sie schrieb mir, dass sie, als sie ein Foto vom Wohnzimmer des Schiffes sah, beim zweiten Hinsehen einen strahlend hellen Fleck sah, den sie als Engel interpretierte.

Noch eindrücklicher war ihre Reaktion auf ein Foto meines Maschinenraums, in dem nur das Stahlgerippe des Schiffes zu erkennen war. »Als ich auf das Foto blickte, sah ich gleichzeitig innerlich eine große Fußzehe wackeln. Es war der Fuß von Jesus, der es gar nicht erwarten kann, dass das Schiff fertig wird.«

Das berührte sie sehr. Wann immer ich wegen fehlender Finanzen und ausbleibender Helfer frustriert war, schrieb sie mir: »Es kann gar nicht schiefgehen. Wenn Jesus mit den Zehen wackelt und es gar nicht abwarten kann, dass das Schiff fertig wird, dann wird es gut gehen! Mach dir keine Sorgen!« Diese Worte der jungen Frau, die selbst damit kämpfte, Hoffnung für ihr Leben zu finden, haben mir mehr Kraft gegeben als der Zuspruch von »starken« Freunden. In der Dunkelheit ihrer eigenen Kämpfe hatte sie ein Lichtstrahl der Hoffnung erreicht, den sie an mich weitergab und der mir innerlich Kraft gab wie kaum etwas anderes.

Trotz der ermutigenden Zeichen schwelte der Konflikt mit Franz weiter und nahm sogar an Intensität zu. Auch wenn er natürlich mehr Fachwissen hatte als ich und mich das deutlich spüren ließ, wuchsen meine Zweifel. Ich fragte mich, ob seine Vorgehensweise effizient und ob er einem Projekt dieser Größenordnung gewachsen war. An meinen Arbeitswochenenden in Hamburg sagte mir der eine oder andere alte »Seebär«, dass er die Dinge ganz anders angehen würde.

Dann gab es noch das kleine Problem, dass er ja die Fertigstellung des Schiffes zu einem Festpreis zugesagt hatte: »Du bekommst es zu dem Preis – und wenn es mich mein letztes Hemd kostet«, hatte er mir versprochen. Ich hatte die eine Hälfte sofort gezahlt, die andere Hälfte war auf 24 monatliche Raten für seine Arbeitsleistung aufgeteilt. Doch jetzt stellte er immer neue finanzielle Forderungen. Es wirkte fast so, als ob er eher mein letztes Hemd haben wollte, statt mir seins zu geben. Sein Wort schien nicht so viel wert zu sein.

Das war nachvollziehbar. Er hatte finanzielle Probleme. Das, was er bei mir verdienen konnte, reichte nicht, um seine

Kosten zu decken. Es gelang ihm nicht, andere Aufträge zu akquirieren. So stand er zunehmend unter Druck.

Schließlich engagierte ich im Juni einen Mediator. Gemeinsam mit ihm vereinbarten wir, dass Franz und ich noch bis 31. Juli zusammenarbeiten würden. Franz sollte mir bis dahin eine Aufstellung der Kosten geben, und ich hatte die Aufgabe, einen Projektmanager zu finden, der für bessere Absprachen sorgen sollte. Gemeinsam mit ihm sollte ab August überlegt und entschieden werden, ob und wenn ja wie die Zusammenarbeit weitergehen kann.

Ich selbst suchte nach Wegen, wie ich mit der angespannten Situation auch innerlich klar umgehen könnte. In der Vergangenheit hatte ich in solchen Fällen meistens einfach nachgegeben, weil es mir schwerfiel, lautstark polternden Männern gegenüber standzuhalten. Jetzt aber war klar: Franz war »nur« der Bootsbauer, nicht der Chef. Erst später erfuhr ich: Er nannte sich zwar Bootsbauer, das ist ein ungeschützter Berufsbegriff. Eine formale Ausbildung für den Beruf hatte er jedoch nie absolviert. Es war meine Rolle und Aufgabe, das Projekt zu führen. Die wollte ich ausfüllen.

In einem Coaching erarbeitete ich für mich die passende Strategie für den Umgang mit ihm: »Ich mache klare Ansagen.« Das schrieb ich auf ein Bild, das einen Bahnsteig zeigte. Die Klarheit der Anzeigetafel und der Gleise in Abgrenzung zu dem Gestrüpp neben den Schienen war ein starkes Symbol für die Art, wie ich handeln wollte für mich.

Ich hängte Bild und Motto neben meine Küchenuhr, um mich daran zu erinnern, dass ich Ziel und Richtung vorgeben sollte und wollte. Ich hatte das Recht und die Aufgabe, den Kurs zu bestimmen und zu sagen, was geht und was nicht.

Trotz der Spannungen zwischen uns gingen die Vorbereitungen für den Transport in vollem Umfang weiter. Franz besorgte fünf Tonnen Ballaststeine, die mit einem Spezialkran durch die Luke im Dach direkt ins Innere des Schiffes geladen werden sollten. Ich organisierte vier Helfer, die mit anpacken würden.

Am Abend vor der Ankunft des Spezialfahrzeuges traf ich Franz in Berlin. Ich riet ihm, noch am Abend nach Hamburg zu fahren. Ich hielt das für sicherer, als wenn er sich erst am Morgen auf den Weg machen würde. Er versicherte, alles im Griff zu haben. Hatte er nicht. Er verschlief um mehrere Stunden.

Der Kran, dessen Miete 100 Euro pro Stunde kostete, war beim Schiff, die Helfer auch. Franz war zwei Autostunden entfernt. Ich bat die Helfer, in einem Café zu warten, und entschied, dass die Steine erst einmal an der Kaimauer abgestellt werden würden. Der Kranfahrer sagte netterweise zu, später wiederzukommen – natürlich für Mehrkosten.

Als Franz in Hamburg angekommen war, gab es das nächste Problem: »Kerstin, hast du die Stromrechnung nicht bezahlt? Das Stromkabel ist weg.« Ohne Strom war ein Öffnen der schweren Luke, nicht möglich. Ich telefonierte mit den Vermietern des Liegeplatzes. Sie erklärten: »Wir haben Franz mehrfach in den letzten Wochen gesagt, dass er ein Starkstromkabel besorgen muss, da wir das, das wir ihm geliehen haben, selbst brauchen. Doch es wirkte so, als ob er das nicht wahrhaben will.«

Am Ende konnte Franz sich in der Umgebung ein Kabel ausleihen und mithilfe des Krans und der Helfer die Steine an Bord bringen. Er meldete mir stolz: »Wir liegen tief genug für den Transport!« Es hatte zwar einiges an Adrenalin verbraucht, doch ein weiterer Meilenstein war geschafft.

Drei Tage vor dem Transport war – bis auf das finale Gutachten – alles Nötige erledigt. Die MS Triton lag, wie Franz mir versicherte, für den Transport tief genug im Wasser, um unter allen Brücken durchzukommen. Eigentlich konnte nichts mehr schiefgehen.

Dennoch war ich nach all den Krisen der vorausgegangenen Monate unsicher. Was, wenn wir doch noch mal ein Leck hätten? Würde meine Freundin Rosemarie, die auf die Fahrt mitkommen wollte, also zwei in Schiffsbau unerfahrene Frauen, bei einer Krise schnell genug reagieren können und das Richtige tun? Eigentlich kann nichts passieren, sagte ich mir. Uneigentlich hatte ich Angst.

So fragte ich Franz nach seinen Honorarvorstellungen dafür, uns bei der viertägigen Überfahrt nach Berlin zu begleiten.»3400 Euro!«, war seine Antwort. Jetzt war es an mir zu sagen:»Du spinnst!« Das war ein Preis, den ich für vier Tage reinen Bereitschaftsdienst weder zahlen konnte noch wollte. Irgendwie schien er das rechte Maß verloren zu haben.

Meine Nerven waren zum Zerreißen gespannt. Die Uhr tickte. Der 30. Juli rückte näher. Mit Franz hatte ich bei der Mediation vereinbart, dass er bis Ende Juli für mich arbeiten und mir bis zu diesem Zeitpunkt eine Kostenaufstellung geben würde. Am 29. Juli – also einen Tag früher – fuhr er ohne Absprache mit mir zurück nach Berlin. Er tat es, obwohl er bis zum 30. Juli für mich arbeiten wollte und an diesem Tag noch der Besuch des Gutachters anstand, der dem Schiff die Transportfähigkeit bescheinigen musste.

Charakter ist etwas, das sich durch Verhalten und die Gewohnheiten formt. Ein Mensch, der sich angewöhnt, Zusagen zu halten, wird im Lauf der Zeit einen verlässlichen Charakter aufbauen. Wer sich dem – oft mühevollen – Lernen und Aneignen solcher Verhaltensweisen entzieht, wird früher oder später erleben, dass andere seinem Charakter nicht vertrauen können.

Immerhin hatte er einen Helfer gebeten, dann an Bord zu sein. Mir teilte er erst später mit, dass er selbst an diesem Tag nicht an Bord war. Im Rückblick bin ich immer noch fassungslos über so viel Verantwortungslosigkeit: Was, wenn der Helfer die Fragen des Gutachters nicht hätte beantworten können und der ganze Transport daran gescheitert wäre?

Er hielt es auch nicht für nötig, mir die in der Mediation vereinbarte Kostenaufstellung zu geben. Das alles brachte mich in einen enormen inneren Konflikt: Ich brauchte Verlässlichkeit und konnte es nicht akzeptieren, dass er Vereinbarungen einfach brach. Andererseits wusste ich, dass er keine anderen Einkommensquelle hatte als die Arbeit bei mir. Das lag wie eine Last auf meiner Seele. Und er war er der einzige freiberufliche Bootsbauer, den ich kannte. Ich wusste nicht, wie ich ohne ihn weitermachen sollte.

Dennoch: Ich hatte klare Ansagen gemacht, und er hatte sie mehr als deutlich ignoriert. So teilte ich ihm am 1. August mit, dass ich unter diesen Umständen nicht länger mit ihm zusammenarbeiten würde.

Ich wollte meine Frau stehen – obwohl es emotional herausfordernd war. So Position zu beziehen war mir mein Leben lang schwergefallen. Ich hatte viel zu oft gute Miene zum bösen Spiel gemacht. Häufig hatte ich lieber selbst die Last für das Fehlverhalten anderer getragen, statt dies ihnen zu überlassen. Das wollte ich nicht länger tun.

Es war ein Wendepunkt, einem anderen Menschen erstmals – mit allen Konsequenzen – deutlich zu sagen: Hier ist eine Grenze überschritten. Ich will nicht, dass man so mit mir umgeht und Zusagen an mich nicht hält.

Ich traf die Entscheidung auch schweren Herzens, denn trotz aller Macken mochte ich Franz und war und bin ihm sehr dankbar. Ohne ihn hätte ich das Projekt nie gewagt. Er hat sich in dieser extrem harten Anfangsphase leidenschaftlich in das Projekt hineingekniet. Außerdem war durch das, was wir zusammen durchgestanden hatten, eine starke Verbindung entstanden, die jetzt riss.

Er muss das wohl geahnt haben. Als ich am 2. August an Bord kam, war all sein Werkzeug weg. Er sagte später, er wollte es im Fall eines Unglücks nicht verlieren. Das ergab für mich wenig Sinn, da die Werkzeuge bei den viel gefährlicheren Transporten mit einem maroden Schiff zur Werft an Bord geblieben waren. Ich verstand auch nicht, weshalb er auch die billigen Sonnenliegen mitgenommen hatte, die keinen großen materiellen Wert hatten, aber uns bei der Überfahrt einige entspannte Zeiten hätten schenken können.

Wie richtig die Entscheidung gewesen war, mich von Franz zu trennen, sollte sich später durch einen Zufall bestätigen. Seit einer kurzen Abschiedsbegegnung in Berlin hatte ich nichts mehr von ihm gehört. Bis zu dem Tag, an dem ein Motorboot direkt neben meinem Schiff einen Motorschaden hatte. Heraus stieg Max, ein Kumpel von Franz, der in der Anfangsphase am Schiff gearbeitet hatte. Er erzählte mir bei einem Kaffee, dass Franz sich nicht geändert hatte: »Ich arbeite nicht mehr bei ihm. Er erwartet stets finanzielles Entgegenkommen von allen und hält immer die anderen für seine Probleme für verantwortlich. Ich wollte das irgendwann nicht mehr.« Nach dem Kaffee brachte er mit ein paar geübten Griffen den Motor seines Bootes wieder zum Laufen und tuckerte weiter. Ich war dankbar für die Begegnung und hatte genug gehört.

In den harten 15 Monaten, die hinter mir lagen, hat es allen Grund gegeben, mir zu sagen: »Du tust mir leid!« Kein Mensch hätte ahnen können, dass sich so viele Hindernisse auftürmen könnten, doch trotz aller Widrigkeiten hieß es am 3. August 2013: »Leinen los!« Die MS Triton war auf dem Weg nach Berlin.

TEIL 3

In welcher Phase der Vision ein Visionär sich befindet, erkennt man an den Kommentaren seiner Mitmenschen.

Phase 3: »Ich bewundere dich – du hältst durch!«

MITTEN IM WIND

Oder: Vier Tage voller Leben und nah am Tod. Und was alles in kurzer Zeit geschehen kann.

Anfang August 2013: »Ein Abenteuer ist eine Krise, die man sich selbst ausgesucht hat!«, habe ich irgendwo auf einem Kalender gelesen. Meine Freundin Rosemarie, die mich bei der Überfahrt begleitete, sagt, diese Tage an Bord seien eines der größten Abenteuer ihres Lebens gewesen. Für meinen Geschmack hätten die Tage der Überführung meines Schiffes gern etwas weniger abenteuerlich sein können.

Die Fischer wissen, dass die See gefährlich ist und der Sturm entsetzlich, aber sie haben nie begreifen können, dass die Gefahren ein Grund wären, an Land zu bleiben und spazieren zu gehen.

Vincent van Gogh

Der Plan war, dass uns das Schubschiff mit dem Schiffsführer Sebastian und seinem jüngeren Kollegen – ebenfalls Basti – in vier Tagesetappen entspannt bei herrlichem Sommerwetter von Hamburg nach Berlin schieben würde. Zuerst mit einem Lotsen, der uns die Elbe aufwärts führte, dann durch den Elbe-Seitenkanal, Mittellandkanal, Elbe-Havel-Kanal, Teltowkanal bis nach Berlin-Schöneweide. Nachts würden wir an einer schönen Stelle anlegen, grillen, dann schlafen und am nächsten Tag weiterfahren. Das war der Plan.

Doch gab es ein paar unvorhergesehene Details. Zum Beispiel, dass das Schiff zehn Zentimeter zu hoch im Wasser lag.

Franz hatte sich vermessen. Um die entscheidenden zehn Zentimeter, die wir brauchten, um sicher unter den flachsten Brücken durchzukommen.

Es gab Brücken, bei denen es so knapp war, dass die beiden Bastis das hydraulische Steuerhaus des Schubschiffes herunterfahren mussten und niemand bei uns an Bord stehen durfte. Es hätte uns den Kopf kosten können.

Glücklicherweise besteht ein Schiff ja aus mehreren in sich abgeschlossenen Teilen, sogenannten Schotts. Läuft ein Schott voll, sinkt das Schiff nicht, da das Wasser nicht in die anderen Teile dringen kann. Wir wollten – um Energie zu sparen – erst kurz vor der niedrigsten Brücke das vorderste Schott voll Wasser pumpen. Es liegt unter dem höchsten Punkt des Schiffes, dem Steuerhaus. Hier war es besonders nötig, dem Schiff den entsprechenden Tiefgang zu geben.

Zu unserem Erstaunen fanden wir das Schott schon halb mit Wasser gefüllt. Wir rätselten: Warum hatte Franz es nur halb befüllt? Beim genauen Hinsehen fanden wir im oberen Bereich der Schottwand eine Erklärung. Dort gab es mehrere kleine, streichholzgroße Löcher.

Bernd, der als Begleitperson mitgekommen war, stöhnte: »Man prüft doch, bevor man ein Schott befüllt, ob da Löcher drin sind! Notfalls kann man dann noch schweißen. Das dauert nur ein paar Minuten.« Doch mit Wasser im Schott war Schweißen in der Nähe zu gefährlich. Bernd fand glücklicherweise einen anderen Weg, die Löcher sicher abzudichten, und wir pumpten das Schott mit Wasser voll. Der nötige Tiefgang war erreicht. Puh.

Einen Tag später schrie ich entsetzt auf: »Das Ruderblatt!« Ich saß entspannt an Deck und genoss die Sonne, als mir plötzlich auffiel, dass das ausgebaute Ruderblatt des Schiffes mit seinem knapp drei Meter langen Schaft aus Edelstahl hochkant an Deck stand. Was das Augenmaß schon befürchtet hatte, bestätigte der Zollstock: So würden wir nicht unter den flachen Brücken durchkommen.

Doch wie legt man ein 400 Kilo schweres Ruderblatt um? Die Gefahr, dass es beim Fall einen Menschen verletzen oder das dünne Blech des Decks durchschlagen könnte, war sehr groß. Wir beratschlagten und entschieden uns für eine Konstruktion aus Tauen und Paletten. Mithilfe mehrerer Taue wollten wir versuchen, das Ruderblatt langsam umzulegen. Vier Paletten am Boden sollten zusätzliche Sicherheit bieten. Wir bemühten uns vorsichtig, das schwere Ruder langsam umzulegen. Doch am Ende war der Schwung so groß, dass wir ihn auch mit der Kraft von fünf Menschen nicht abfangen konnten. Der Schaft zerschlug die vier Paletten – aber nicht das Deck. Wieder was geschafft!

Es sollte nicht die letzte Herausforderung dieser Überfahrt bleiben, aber erst einmal gab es zwei herrlich entspannte Tage. Wenn ich genug vom Chillen an Deck hatte, räumte ich im Schiff auf – die unendliche Geschichte. Es befand sich immer noch sehr viel Unnötiges an Bord.

Manchmal wusch ich sogar Wäsche – zum Beispiel eine zehn Meter lange Gardine. Die Waschmaschine improvisierte ich, indem ich mich über die Reling lehnte und das gute Stück ins Wasser hielt. Nach einigen Minuten war die Gardine von Staub und Dreck befreit und wieder frisch. Wenn Hausarbeit nur immer so viel Spaß machen würde!

Meistens saßen wir in den zwölf Stunden, die wir täglich unterwegs waren, allein oder zusammen an Deck, redeten, aßen oder sinnierten vor uns hin. Ich genoss jede Schleuse und besonders das hydraulische Schiffshebewerk Scharnebeck, mit dem wir 38 Meter Höhenunterschied überbrückten, und dann die Überquerung der Elbe auf einer Trogbrücke – ein Erlebnis für sich.

Manche Wegstrecken durch ruhige Landschaften waren ein Traum. Ich stand oft schon frühmorgens auf, um den ersten Kaffee allein an Deck meines Schiffes zu genießen, bevor die anderen wach wurden. Morgens am Wasser zu sein, wenn nur die Tiere wach sind, hat einen besonderen Zauber. Ich werde nie satt, ihn zu genießen.

Einmal ließen mich die Jungs – natürlich unter Aufsicht – sogar ans Steuerrad. Boah, ist das heikel, so ein Doppelgefährt richtig zu lenken. Ich war schon nach einer Minute fix und fertig. Und entschied mich, das mit dem Steuern später mal auf einem See zu üben, wo man nicht rechts und links an eine Kanalwand stoßen kann.

Wenn jedoch die Bastis steuerten, fuhr das Schiff ruhig, und wir konnten die flache Landschaft Norddeutschlands genießen, die reifen Weizenfelder, wir sahen sogar Rehe am Rand des Kanals grasen. Beeindruckend schön waren die an Millionen Lichtern reichen Sternennächte. Es ist eine Kalenderblattweisheit, dass die Dunkelheit nötig ist, um die Sterne zu sehen. Im Leben ist dies so wie am Himmel. Nachts auf dem Rücken an Deck zu liegen und die Sterne zu sehen ließ manche Anstrengung und innere Dunkelheit in den Hintergrund treten.

Das Wetter war traumhaft, sodass wir die meiste Zeit draußen verbringen konnten – mit Ausnahme von zwei Stunden, in denen Rosemarie und ich uns bei Regen in den Salon verzogen hatten, um gemeinsam etwas zu singen. Nach einer

Weile schloss Bernd sich uns an: »Darf ich mitsingen?« Es störte ihn nicht, dass wir vor allem moderne Kirchenlieder sangen. Er war interessiert an Spiritualität und hatte – kaum, dass wir losgefahren waren – schon mit Rosemarie ein tiefes Gespräch über ihren Glauben geführt. Am Endes des Gesprächs hatte sie ihn gefragt: »Angenommen, dass es einen persönlichen Gott gäbe, der einen Plan für dein Leben hätte, was würde sich dann für dich ändern?« Seine Antwort: »Das würde alles ändern!«

Die Lieder, die wir nun gemeinsam in diesen Regenstunden über die Güte Gottes sangen, berührten ihn tief – es war der Beginn seiner eigenen Glaubensreise. Er sagte später, dass er tief wahrgenommen hätte, dass Gott gegenwärtig war und uns miteinander verbunden hat. All das hat ihn sehr bewegt, und er sagte auch, dass er gespürt habe, dass Gottes Frieden auf dem Schiff anwesend war. Er nahm wahr, dass etwas völlig anders auf diesem Schiff war. Etwas, nach dem er sich gesehnt, das er aber bis jetzt noch nicht kennengelernt hatte.

Wir hatten später nur noch sehr sporadisch Kontakt, aber vier Jahre nach der Überfahrt schrieb er mir: »Ich trage die gemeinsame Zeit wie einen Schatz in meinem Herzen. Du hast mir die Tür zu Gott aufgestoßen. Jesus ist mir Führer und Freund geworden. Ich danke dir für deine liebevolle Führung. Du hast mein Leben nachhaltig beeinflusst. Alles hat einen Sinn, auch wenn wir ihn nicht gleich erkennen.«

Für mich war das, was Bernd in diesen Tagen für sich entdecken konnte, ein besonderes Geschenk. Ich finde es wunderschön, wenn Menschen Verankerung und Halt im Glauben finden. Gleichzeitig mag ich niemandem meinen Glauben aufdrängen oder gar aufzwingen.

Ich halte es da lieber wie Franz von Assisi, der den Menschen am liebsten durch sein Handeln die Liebe Gottes nahebringen wollte. Er sagte einmal: »Predige das Evangelium zu jeder Zeit, und wenn nötig, benutze Worte.«

Weil es meinen Werten vom Umgang mit Menschen entsprach, war es für mich wunderbar, dass jemand so fast nebenbei, einfach nur durch Zusammensein und einige entspannte Gespräche, seinen eigenen Zugang zum Glauben fand. Es war das erste Mal, dass sich eine solche »innere Überfahrt« an Bord ereignete, sollte aber nicht das letzte Mal bleiben.

Es hätte alles wunderbar sein können, die Naturerlebnisse, die wunderbaren Stunden der inneren Verbundenheit, das Grillen an Bord, die tiefen, aber auch humorvollen Gespräche. Hätte – wenn das Leben sich nicht entschieden hätte, uns die Reise mit ein paar zusätzlichen Problemen unvergesslich zu machen und uns erst einmal zu unterbrechen.

Nur noch eine Tagesreise von Berlin entfernt, als wir innerlich schon im Zieleinlauf waren, kam das »Aus« in Form des Beamten, der uns informierte: »Hier fehlt ein Stempel!« Und dazu der Anruf meiner Mutter über den alarmierend schlechten Gesundheitszustand meines Vaters.

Die Unklarheit, die Sorge um meinen Vater und die Unzufriedenheit der beiden Bastis, die heim zu ihren Partnerinnen wollten, raubten mir den Schlaf. Übermüdet, aber erleichtert nahm ich am nächsten Morgen um elf Uhr die Nachricht entgegen: »Sie dürfen jetzt fahren und das Land Brandenburg durchqueren, aber nicht nach Berlin einfahren.« Immerhin durften wir wieder weiterfahren.

Allerdings nicht bis zum Ziel. Das fand ich erstaunlich. Es

ist, als ob einem auf der Autobahn gesagt wird, dass man durch Thüringen fahren darf, aber nicht nach Bayern rein. Aber so ist es. Wasserstraßen scheinen unter der Hoheit eines Bundeslandes zu stehen. Oder unter der von kleineren Wasserstraßen-Regionalkönigen.

Wir hofften, dass die Transportfirma bis zum Abend, wenn wir an der Landesgrenze ankommen würden, die Sache geklärt hätte. Ein Irrtum. Es wurde immer absurder. Plötzlich wollte die Wasserschutzpolizei einen Nachweis, dass ich einen Werftplatz in Berlin hätte, und verlangte sogar noch vom Besitzer der Bootsmanufaktur einen Nachweis, dass er tatsächlich ein Bootsbauunternehmen ist und seine Fabrikhalle und die Stege rechtmäßig gemietet hatte.

Die Transportfirma, deren Mitarbeiter ganze Tage in Telefonaten mit den Behörden verbrachten, sagte, so etwas hätten sie in ihrer ganzen Geschichte nicht erlebt. Während der Fahrt haben wir trotz allem sehr viel über die Absurditäten der Bürokratie gelacht und uns mit schwarzem Humor über die Widrigkeiten lustig gemacht. Eine Steilvorlage dafür bot der Slogan der Transportfirma: »Ed-Line: Alles andere ist nur Schifffahrt.«

Weil nach wie vor die Genehmigung fehlte, legten wir also im Wasser direkt vor den Toren Berlins an der Schleuse Kleinmachnow an. Jetzt hatten wir neben dem bürokratischen Ärger noch ein existenzielles Problem: Weil wir nur für zwei Frauen und vier Tage eingekauft hatten, gingen uns nun Lebensmittelvorräte, Toilettenpapier und die Getränke für alle aus. Und den Männern das Bier und die Zigaretten.

Die beiden Bastis waren inzwischen auch etwas genervt, weil sie zu diesem Zeitpunkt eigentlich schon längst zu Hause sein wollten. Also musste Bier her, Zigaretten und neues Grillfleisch. Rosemarie hatte die rettende Idee: Eine Freundin wohnte in der Nähe. Wir baten sie, für uns einzukaufen.

Nur wie sollten wir die Lebensmittel an Bord bringen? Wir lagen ja mehrere Meter vom Ufer entfernt ohne Steg im Wasser und hatten kein Beiboot dabei.

Es traf sich gut, dass Rosemarie in ihrer Jugend viele Abenteuerbücher gelesen hatte. »Lasst uns ein Floß bauen!«, jubelte sie. Gesagt, getan. Wir banden einige Rettungsringe und das, was das herabfallende Ruder von den Paletten übrig gelassen hatte, zusammen und warfen unser improvisiertes Transportfloß zu Wasser. Ich sprang hinterher und schwamm mit dem Floß zum Ufer, lud die Schätze auf und schwamm dann – das Floß mit der kostbaren Fracht vorsichtig vor mir herschiebend – zurück zum Schiff.

Ein Schrei: Ahhhhhhhhh. Bernd stürzte ins Wasser – sehr unfreiwillig. Er hatte das Deck gereinigt und nicht gemerkt, dass die Flasche mit Seifenlauge ein Loch hatte, durch das Seifenwasser hinausdrang. Auf der glitschigen Masse rutschte er aus, stürzte mit Arm und Bein erst auf eine Stahlkante und fiel dann ins Wasser.

Es war übel zugerichtet – eine offene Fleischwunde und starke Prellungen, womöglich auch ein Muskelriss am Arm. Die Freundin, die uns das Essen gebracht hatte, war glücklicherweise Krankenschwester und rief uns vom Ufer aus Instruktionen für Erste Hilfe zu.

Außerdem beteten wir für ihn. Die Fleischwunde schloss sich erstaunlich schnell, doch er hatte schlimme Schmerzen, sodass wir ihn für die Nacht zum Schlafen mit Whisky abfüllten, das einzige Schmerzmittel, das wir an Bord finden konnten.

An Schlaf war für mich nicht zu denken. Der Stress der letzten Tage hatte mir zu sehr zugesetzt. Außerdem tobte ein Gewitter, und ich war voller Sorge, dass ein dicker Ast oder gar ein Baum auf das Schiff stürzen könnte. Aus dem Nebenraum konnte ich Bernd schnarchen hören – das zumindest erfüllte mich mit Erleichterung. Wenigstens er konnte trotz der Verletzung schlafen.

Am nächsten Morgen fehlten die Genehmigungen noch immer, doch wir hatten telefonisch vom Präsidenten des Wasserschifffahrtsamtes die Zusage erhalten, dass wir das Schiff zum Liegeplatz bringen dürften. Wir fuhren durch den Teltowkanal in Richtung Ziel. Als wir endlich in Berlin waren und am Uferrand vertraute Gebäude erkannten, atmeten wir auf. Mal wieder zu früh.

Eine Stunde vor dem Ziel wurden wir erneut von der Wasserschutzpolizei angehalten, und unsere Papiere mit dem fehlenden Stempel wurden erneut kontrolliert. Wir informierten den Beamten, dass sein oberster Chef die Durchfahrt genehmigt hatte. Seine Antwort verschlug uns die Sprache: »Das hier ist meine Wasserstraße!« Holla! Da war jemand aber König in seinem Reich. Einer der beiden Bastis diskutierte eine halbe Stunde lang mit ihm, es fiel ihm nach den Anstrengungen der vorausgegangenen Tage sichtlich schwer, ruhig zu blieben. Doch am Ende ließ uns der »Herr der Wasserstraße« weiterfahren. Und so bogen wir eine Weile später endlich in die Spree ein. Jetzt war es nicht mehr weit zum Ziel.

Dieses Schiff nach Berlin zu bringen war ein Hindernislauf, wie ich ihn bei einem Projekt selten in solcher Intensität erlebt habe. Fast jeder Mensch, der einen Traum hat, erlebt, dass es mal schwierig wird. An den Schwierigkeiten entscheidet sich, ob man einen Schönwettertraum hat oder einen, der sturmfest ist.

Es gibt sicher Erklärungen, warum das alles so schwierig war. Sie reichen von »Franz war mit einem Projekt dieser Größe überfordert« (sicherlich) bis hin zu »der Himmel blies Gegenwind, um mich zu testen« (möglich) oder »die Hölle stand gegen mich und mein Projekt auf« (auch denkbar). Oder: Ich hatte einfach nur Pech.

Egal wie – wir hatten es geschafft. Der Steg der Bootsmanufaktur kam in Sicht, und wir konnten anlegen. Ich war zu erschöpft, um mich erleichtert zu fühlen – das kam dann später, als die gefühlten zwei Tonnen Adrenalin, die ich während der Überfahrt angesammelt hatte, wieder abgebaut waren und ich auch erfuhr, dass es meinem Vater gut ging. Aber erst mal wurde der Sekt geöffnet. Die MS Triton war in Berlin angekommen.

REGENBOGEN UND SANDWÜSTE

Oder: Wie mitten in einem Schiff ein großer Sandkasten entsteht. Und warum Regen manchmal genau die Ermutigung bringt, die man braucht.

August 2013: »Ein Regenbogen – schau mal!« Begeistert machte ich meine Freundin Sonja auf das Lichtspiel am Himmel aufmerksam. Sonja hatte mir großzügig geholfen, mit ihrem Auto Dinge an Bord zu transportieren.

Ich hatte sie einige Jahre zuvor kennengelernt. In dem Haus, in dem ich wohnte, standen zwei Wohnungen frei. Immer wenn ich daran vorbeiging, schickte ich ein stilles Gebet in den Himmel: Es wäre schön, wenn hier gläubige Menschen einziehen würden.

Fast niemand weiß, dass das Geheimnis guter Arbeit zum großen Teil Redlichkeit und ehrliches Gefühl ist.

Vincent van Gogh

Als ich zufällig sah, dass der Postbote eine christliche Zeitschrift in ihren Briefkasten warf, sprach ich sie darauf an. Ich konnte mit Freude feststellen, dass mein Gebet zumindest zu 50 Prozent erhört worden war – über die spirituellen Präferenzen der anderen neuen Mitbewohner konnte ich bisher nichts in Erfahrung bringen.

Mich begeistert die klösterliche Routine der Gebete zu bestimmten Zeiten. Mein Lebensstil mit vielen Vorträgen und Reisen ist dafür leider nicht geeignet. Doch etwas klösterliche Stille wollten Sonja und ich uns in unser Leben einbauen.

Jeden Montag und Donnerstag trafen wir uns um 21.30 Uhr zur kurzen Tagesreflexion und zum Nachtgebet. Dieses wohltuende Ritual verband uns ebenso wie gelegentliche Unternehmungen oder gemeinsames Mittagessen, wenn Sonja mal im Homeoffice war.

Durch das Ende der Zusammenarbeit mit Franz fehlte mir nun nicht nur der fachkundige Bootsbauer, sondern auch Werkzeug. Ich besaß einen Hammer, eine Zange, eine Metallsäge und einen Satz Schraubenschlüssel. An Bord waren noch ein riesiger 200 Kilo schwerer Kompressor und jede Menge Schrauben aus den alten Beständen von Erich. Das reichte nicht ganz, um ein Schiff fertigzubauen. Da durch den teuren Transport auch alle Finanzen aufgebraucht waren, fragte ich in meinem großzügigen Freundeskreis nach nicht mehr benötigtem Werkzeug. Es war erstaunlich, was da zusammenkam. Rosemarie lieh mir Werkzeug ihres betagten Vaters. Ein Freund, Markus, schenkte mir einen kompletten Werkzeugkoffer und lieh mir seine Werkbank – sie sollte die nächsten Jahre ständig im Einsatz sein. Dies und einen ganzen Stapel Töpfe und Geschirr brachten Sonja und ich nun an Bord, um die zweite Phase der Bauarbeiten einzuleiten.

Nach dem Stress der Überfahrt und dem Abbruch der Zusammenarbeit mit Franz hatte ich mehr als ein Fragezeichen im Kopf. Wie sollte es nur weitergehen? Wer würde mir zur Seite stehen? Ich war nicht direkt mutlos – irgendein Weg findet sich immer. Davon bin ich überzeugt: Es gibt mehr Lösungen als Probleme. Mir fehlte nur die konkrete Idee. Es war klar, dass ich einige Arbeiten von der Bootsmanufaktur erledigen lassen konnte, aber es war ebenso klar, dass alles von einer Profi-Firma machen zu lassen mein Budget sprengen würde.

Dies war eine der Lektionen, die ich im Lauf des Projektes gelernt habe: Man kann ein derartig komplexes Projekt nicht vollständig planen. Man kann es natürlich versuchen, und ein guter Plan ist auf jeden Fall hilfreich. Doch das Leben mit seiner Unvorhersehbarkeit wird immer einen Weg finden, den perfekten Plan zu modifizieren – um es mal neutral zu formulieren.

In der Start-up-Szene stellt man sich bewusst auf den Umstand ein, dass nicht alles planbar und vorhersagbar ist. Man hat ein Ziel, aber versucht so flexibel und agil zu sein wie möglich; man überlegt, wie es gehen könnte, probiert, bei Erfolg macht man weiter, bei Misserfolg ändert man den Plan. Ich ahnte, dass ich diese Haltung auch für die nächste Phase benötigen würde.

Dennoch war ich etwas entmutigt, als ich versuchte abzuschätzen, welche Herausforderungen vor mir lagen. Ich schrieb damals:

Als ich gestern an Bord war und die Berge von Arbeit sah, die noch auf mich warten, hat es mich fast erschlagen: weiter entrosten, isolieren, Sanitär und Heizung installieren. Ganz wichtig ist jetzt, das Schiff erst mal winterfest zu machen, damit die Kälte und Feuchtigkeit dem Stahl nicht weiter schaden. Das sollte bis Ende September geschehen sein!
Ich war ganz mutlos. Dann habe ich erst mal gebetet.
Und empfand, dass Gott zu mir sagte: »Erst mal den Seminarraum fertig machen.« Im Seminarraum fehlte nur noch das Entrosten der Decke. Dann wäre ein Raum ganz fertig – das wäre emotional eine große Erleichterung.

Mir war noch nicht klar, wie ich alles schaffen sollte. Doch immerhin hatte ich jetzt einen Kofferraum voll Werkzeug – Hämmer, Zangen und Schraubenschlüssel in allen Größen. Kaum hatten Sonja und ich alle Kisten durch den Nieselregen an Bord geschleppt, brach die Sonne durch. Am Himmel entstand ein großer, klarer Regenbogen.

Ich blickte hoch und war ermutigt. Der Regenbogen wird ja traditionell mit dem Versprechen Gottes verbunden, mit uns zu sein. Und so stärkte, als ich das erste Mal in Berlin an Bord meines Schiffes ging, der Regenbogen meinen Glauben und meine Zuversicht. Ich dachte: Wenn der gütige Gott mit mir ist, dann würde es irgendwie gut werden.

Das meine ich nicht im Sinne von »Gott liebt mich, also werde ich nur gute Tage haben«. Diese Denkweise passt nicht zum Bild des Regenbogens, der ja auch nicht in den reinen Sonnenstunden auftaucht, sondern nur bei oder nach Regenzeiten. Ohne Regen kein Regenbogen.

Wer an einem derart verwöhnenden Gott glaubt, hat nichts von Würde verstanden. Manche Menschen erwarten – je nach Prägung – von Gott oder vom Leben, dass sie von den wirklich schweren Dingen verschont werden, und reagieren beleidigt, wenn ihnen Unangenehmes widerfährt – als wäre eitel Sonnenschein der Zustand, auf den sie einen Anspruch hätten. Das ist weder realistisch, noch wäre es emotional gesund.

Eltern, die ihren Kindern alles abnehmen, was schwierig ist – von Aufräumen bis zu herausfordernden Gesprächen mit Lehrern –, sagen letztlich: »Ich trau dir das nicht zu.« Damit fördern sie Entmutigung und Selbstzweifel im Kind – und rauben ihm so die Würde.

Ich glaube an einen Gott, der mich weder entwürdigt noch

entmündigt. Die Bibel ist voll von Geschichten, in denen Gott Menschen Großes zutraute und zumutete, ihnen in der Herausforderung zwar beistand, sie ihnen aber nicht abnahm. Göttlichen Beistand konnte ich durchaus gebrauchen. Es schien, als ob ich außer einer Portion Unverfrorenheit nichts von dem besaß, was man für so ein Projekt brauchte.

Doch ich hatte einen Gott, der versprochen hatte, mit mir zu sein, gute Freunde und einen Regenbogen über mir. Es sollte sich herausstellen, dass das für die nächste Etappe ausreichend war.

Zwei meiner Freundinnen kamen am ersten Berliner Arbeitswochenende an Bord, um mir beim Entrosten zu helfen. Es war knochenhart, über Kopf mit Spachteln, Schleifmaschine und Bürsten gegen den Rost anzukämpfen. Wann immer meine Schultern eine Pause vom mühsamen Entrosten brauchten, versuchte ich mir einen Überblick über das Gerümpel zu verschaffen, das sich nach wie vor an Bord befand. Können sich rostige Schrauben eigentlich vermehren?

Am Abend waren wir gründlich geschafft, ohne dass man wirklich einen Fortschritt sah. Es war, als ob der Rost uns hämisch angrinste und sagte: Mich kriegt ihr nicht. In dem Schneckentempo würden wir noch Monate brauchen – nur für die Decke im Seminarraum.

Abends luden uns ein paar Mitarbeiter und Gäste der Bootsmanufaktur auf ein Bier ein – eine Wohltat nach dem harten Tag. Sie fragten uns, warum in aller Welt wir von Hand entrosten würden, statt alles sandstrahlen zu lassen. »Hmmm. Franz hatte mir gesagt, dass man beim Sandstrahlen zu viel vom Stahl verliert, Entrosten von Hand besser sei.« Ich hatte ihm geglaubt und die Aussage nie geprüft.

Alle Männer waren sich einig: Sandstrahlen führt zwar zu etwas Abrieb der Substanz, aber macht den Stahl auch härter. Es sei auf jeden Fall zu empfehlen. Grob überschlugen wir die Kosten. Es waren etwa 100 Quadratmeter zu entrosten – für je etwa 25 Euro pro Quadratmeter.

Meine pragmatische Freundin Kerstin, die sah, dass ich innerlich mit der nächsten finanziellen Herausforderung kämpfte, machte mir Mut:»Das ist sinnvoll. Wenn du das machst, zahl ich dir die ersten vier Quadratmeter!«Ihr Vorbild steckte an – andere Freunde übernahmen ebenfalls einen oder zwei Quadratmeter bis die Summe zusammenkam.

»Ich strahle alles und bin dann in zwei oder drei Tagen fertig. Ich bringe den Sand mit, sandstrahle, nur entsorgen müssen Sie den Sand dann selbst«, sagte mir der beauftragte Sandstrahler.»Geht in Ordnung!«, sagte ich. Meine Hamburger Hafenfreunde hatten mir erzählt, sie würden beim Sandstrahlen immer zwei oder drei Säcke Sand kaufen, den verbrauchten Sand durch ein Sieb schaufeln, in dem Abrieb hängen blieb, und ihn dann wiederverwenden.

Dass Profis nur mit frischem Sand arbeiten, wurde mir erst bewusst, als ich nach dem Sandstrahlen mein Schiff betrat: Es war kniehoch mit Sand gefüllt, fünf Tonnen.

Mit Freunden war ich tagelang damit beschäftigt, den Sand in Säcke zu schaufeln und zur Sondermülldeponie zu bringen. Trotz der gründlichen Reinigung fanden wir noch Jahre später den feinen schwarzen Sandstrahlsand in den Winkeln des Schiffes.

Dennoch hatte die Entscheidung, so vorzugehen, den Bau massiv vorangebracht. Der gesamte obere Bereich des Schiffes war nun entrostet. Die Flächen mussten »nur« noch in etwa

60 Stunden Arbeitszeit zwei Mal gestrichen werden, dann konnte endlich mit dem Ausbau begonnen werden. Nur wie? Auch wenn ich meine Unerfahrenheit spürte und keine Idee hatte, wie ich den Ausbau bewerkstelligen könnte, war ich relativ gelassen. Ich vertraute einfach und tat, was ich zu diesem Zeitpunkt tun konnte.

Dass ich dafür schließlich eine Lösung fand, hatte indirekt mit dem Sandstrahl-Sand zu tun: Einen Teil habe ich auch an Menschen verschenkt, die ihn für Renovierungsprojekte nutzten wollten. Darunter waren meine Hamburger Hafen-Freunde, die gerade ein großes Schiff renovierten und dafür doch Sandstrahlsand brauchten.

Sie kamen eines Abends mit einem Anhänger, um eine Tonne Sand abzuholen. Im Gegenzug brachten sie mir den etwas wortkargen und leicht kauzigen Bootsbauer Helge mit, den sie für ein paar Wochen in ihren Projekten entbehren konnten. Was für ein kostbares Geschenk in einer etwas rauen Verpackung sie mir mit ihm machten, habe ich erst im Lauf der Zeit entdeckt.

Der Gott, der mir zur Begrüßung den Regenbogen an den Himmel gemalt hatte, hatte meine Bitte um Hilfe auf eine Art und Weise erhört, die ich mir nicht hätte träumen lassen.

HIMMELSFEGER

Oder: Was Busse und Schiffe gemeinsam haben. Und warum es hilft, seinen Impulsen zu folgen.

September 2013: Himmelsfeger nennt man Winde, die den Himmel von Wolken frei putzen und klare Sicht schenken. Das konnten wir – Bootsbauer Helge und ich – brauchen. Mittlerweile war es Oktober geworden, der Winter stand vor der Tür. Damit sahen wir einer neuen Herausforderung ins Auge: Wie könnten wir im Winter an Bord arbeiten, ohne zu erfrieren oder die Heizkosten ins Unermessliche zu treiben? Ein Hauptproblem war, neben fehlenden Zwischenwänden, die nur einfach verglasten Fenster.

Wer ins kalte Wasser springt, taucht ins Meer der Möglichkeiten.
Aus Finnland

Glücklicherweise kam, gerade als wir uns mit der Lösungssuche beschäftigten, Wolfgang zu Besuch. Ich hatte den klugen, sensiblen Architekten über seine Töchter kennengelernt. Als die Journalistin Rebekka ein Interview mit mir machte, erzählte sie mir nebenbei, dass sie total tolle Eltern hätte. Einige Monate später sagte mir eine andere der fünf Töchter (zwei Söhne gibt es auch noch) dasselbe. Noch nie hatte ich Kinder so begeistert von ihren Eltern reden hören. Bei einer Geburtstagsfeier lernte ich die beiden selbst kennen.

Wolfgang und seine Frau Amrie waren tatsächlich wundervolle Eltern, warm und fürsorglich, ohne zu erdrücken. Dazu hatten sie ein großes Interesse für Musik und Kunst. Wolfgang war Professor für Fassadengestaltung – also genau der Richtige für mein Problem:»Die größte Herausforderung beim Einbau von Fenstern ist, sie dicht zu bekommen.« Er erklärte:»Das Beste wäre, du würdest eine Art Verschalung um das ganze Schiff herum anbringen, das würde dich vermutlich rund 30 000 Euro kosten.«

Puh. Ich war nun wirklich nicht scharf darauf, 30 000 Euro für Fenster auszugeben. Die neue Herausforderung beschäftigte mich auch noch am nächsten Morgen. Ich beginne meine Tage meist mit einer Tasse Milchkaffee und einem Gespräch mit Gott. Als ich so auf meinem Sofa saß und über die nächste Herausforderung nachdachte, betete ich tief seufzend: »Gott, es läuft schon wieder alles aus dem Ruder!« Direkt danach schoss mir ein Gedanke durch den Kopf:»Ich habe es immer noch in der Hand!« Ich habe erst einmal laut gelacht, weil ich die Antwort originell fand, auch wenn ich immer noch nicht wusste, wie es weitergehen konnte.

Die meisten Menschen kennen den Unterschied zwischen den »normalen« Gedanken und solchen, die von außen zu kommen scheinen:»Ruf Andrea an!« – »Gehe heute nicht dorthin.« Es gibt sicher viele Erklärungen für dieses Phänomen, ich selbst vertraue darauf, dass ein guter Teil dieser wie von außen kommenden Impulse, Reden eines liebevollen Gottes zu mir ist, der mir oder anderen Gutes tun will.

Das habe ich beispielsweise erlebt, als ich wegen eines inneren Impulses in letzter Minute einen Ausflug mit zwei Freundinnen absagte. Die beiden hatten einen Auffahrunfall, den sie ohne Schaden überstanden haben. Das Auto jedoch nicht: Die Rückbank wurde durch den Aufprall bis auf den Vordersitz zusammengeschoben. Dort wäre mein Platz gewesen – wäre ich meinem inneren Impuls nicht gefolgt.

Impulsen zu folgen kann nicht nur vor Schaden bewahren, sondern auch Gutes bewirken – auch das habe ich erlebt. In meinem freiwilligen sozialen Jahr in England hatte ich eines Abends den starken Impuls, eine kranke Mitpraktikantin, die in einem anderen Bereich arbeitete und die ich eigentlich kaum kannte, zu besuchen.

Das war zu der Zeit, als es noch keine Handys gab. Als ich bei ihr ankam, jubelte sie: »Ich bin noch zu schwach, um aufzustehen, habe aber so großen Hunger. Ich habe darum gebetet, dass jemand zu mir kommt, der mir etwas zu essen bringt!« Aha. Daher kam der Impuls. Ich hatte Zugang zur Großküche, also ging ich los, plünderte den Kühlschrank und versorgte sie. Und freute mich, dass ich ihr helfen konnte.

Aufgrund dieser und ähnlicher Erfahrungen habe ich es mir angewöhnt, auf derartige Impulse immer einzugehen, erst recht, wenn sie keinen Sinn für mich ergeben. Die Dinge, die für mich logisch sind, kenne ich ja sowieso, dafür brauche ich keine extra Impulse.

Nachdem ich meine Gebetszeit an diesem Morgen beendet hatte, schwang ich mich aufs Rad. Freitag war mein Sporttag – wer ein Schiff baut, braucht auch Muskeln. Als ich nach dem Training mein Fahrrad aufschloss, kam der Impuls: »Fahre heute eine andere Strecke als sonst nach Hause!« Gehört, getan.

»Bus-Glas Lebe« stand auf einem Transporter, der am Straßenrand geparkt war. In meinem Kopf ratterte es. Busse sind wie mein Schiff aus Metall, und sie haben isolierte Fenster –

ohne aufwendige Verschalung. Es muss also einen Weg geben. Nur welchen?

Ich stieg gerade vom Rad, um mir die Kontaktdaten aufzuschreiben, als der Fahrer, ein Monteur, vorbeikam. Er erklärte mir, wie sie das machen: »Wir haben einen Spezialkleber, der bis zu 120 Kilo Gewicht tragen kann. Damit kleben wir die Scheiben direkt auf Metall!« – »Geht das auch bei Schiffen?« – »Warum nicht? Nur: Unsere Scheiben werden Sie nicht wollen, die sind aus speziellem Sicherheitsglas und kosten pro Stück 900 Euro. Aber reden Sie mal mit meinem Chef!«

Gesagt, getan. Ich entschied mich, mit offenen Karten zu spielen: »Mich interessiert Ihre Technik, aber Ihre Scheiben kann ich mir nicht leisten!« Er blieb locker: »Ich schau mir das erst mal an, passt Ihnen Montag?« – »Ja, klar!«

Es stellte sich heraus, dass er als junger Zimmermann mehrere Jahre auf Jachten von Scheichs gearbeitet hatte. Das war kein unwichtiges Detail, denn auf dem Schiff ist alles anders als an Land.

Er plauderte aus dem Nähkästchen: »Als ich das erste Mal auf ein Schiff ging, wollte mein Meister meinen Werkzeugkoffer sehen. Er nahm die Wasserwaage heraus, dann das Senkblei: ›Was willst du damit auf einem Boot?‹ Mir dämmerte, dass man auf Schiffen mehr auf Augenmaß und Zollstock angewiesen ist als an Land.«

Oha: Da hatte ich nicht nur jemanden gefunden, der große Glasfenster in Metall einbauen konnte, sondern sich obendrein auch noch mit Schiffen auskannte! Falls es Gott war, der mir das »Ich habe es immer noch in der Hand!« ins Ohr geflüstert hatte, hatte er nicht übertrieben.

Wir sprachen über die Details. Sie sprachen von Arbeitsschritten und Arbeitstechniken, von denen ich nie zuvor gehört hatte. Doch am Ende waren sich alle einig: Das kann gehen.

Herr Lebe fragte mich nach meinem Budget für die Fenster, und ich sagte wagemutig: »3000 Euro!« Er kratzte sich am Kinn, meinte, er sei nicht sicher, ob er das schaffen würde – aber er würde mal schauen. Schon am nächsten Tag rief er an: »3000 geht nicht, aber ich könnte Ihnen Fenster und Einbau für 4800 geben – wollen Sie es trotzdem machen?«

Ich sagte erleichtert zu – 4800 war weit besser als 30 000! Zwei Stunden später rief er erneut an: »Ich weiß nicht, warum ich das tue, aber ich habe mich entschieden, Ihnen die Fenster und das Material zum Einkaufspreis zu geben und nur meine Mitarbeiterstunden zu berechnen. Das spart Ihnen noch mal 600 Euro.« Wow!

Die Mitarbeiter waren jeden Cent ihres Lohnes wert. Da der Kleber nur bei warmen Temperaturen verarbeitet werden kann, war uns klar, dass wir in einem Wettlauf gegen die Zeit standen. Sie produzierten die Fenster in Windeseile – es dauerte weniger als drei Wochen. Und innerhalb von nur zwei Tagen bauten sie Anfang November alle 17 alten Panoramafenster aus dem Schiff aus und setzten dafür neue, helle Scheiben aus Isolierglas ein. Es war in letzter Minute. Am Tag nach dem Einbau sanken die Temperaturen drastisch. In den folgenden kalten Monaten wäre ein Einbau nicht möglich gewesen. Ich war zutiefst dankbar. Die Fenster sahen wunderschön aus und hielten die Wärme im Schiff.

Über Deck war es nun hell und schön. Die Frage, wie wir Licht in die Schlafräume unter Deck bringen konnten, war allerdings noch nicht gelöst. Bisher gab es dort nur Wände aus Metall. Ich wollte große Bullaugen, um möglichst viel Licht in den Gästezimmern und meinem Schlafraum zu haben. Außerdem solche, die man öffnen konnte, um im Sommer nicht zu ersticken. Und natürlich aus Isolierglas, um im Winter nicht zu frieren.

»So was gibt's nicht«, sagten mir alle erfahrenen Bootsbauer. Selbst Mr. Google war ratlos: Im ganzen großen Internet waren weit und breit keine runden Fenster aus Isolierglas zu finden, die sich auch noch öffnen ließen. Es gab sie weder gebraucht noch neu. »Gibt's nicht« gibt's nicht, dachte ich mir und suchte weiter.

Ich ging zu einer Bootsmesse, doch auch da Fehlanzeige. Da gab es nur elegante Boote und allerhand noble Accessoires: Jäckchen, Taue, Tassen – alles, was man brauchte, um richtig chic in See zu stechen. Hier war nicht der richtige Ort, um nach Baumaterial für den Umbau eines 60 Jahre alten Kahns zu suchen. Als ich gerade aufgeben wollte, entdeckte ich ein zugegebenermaßen auch sehr schickes großes Hausboot. Es hatte riesige Bullaugen aus doppeltem Glas.

Der freundliche Inhaber nannte mir die Bezugsquelle – eine Firma in Spanien. Auf die Idee, Herrn Google nach *ojo de buey* zu fragen, war ich tatsächlich nicht gekommen, doch die spanischen Bullaugen waren tatsächlich perfekt. Ich fand es ziemlich wunderbar, einige zentrale Probleme gelöst und jetzt klare Sicht zu haben. Der Himmelfeger hatte gute Arbeit geleistet.

FLAUTE

Oder: Wie sich Vertrauen lernen lässt. Und warum abgerissene Etiketten weitreichende Folgen haben können.

Ein Schiff strampelt nicht, um über Wasser zu bleiben, es krault nicht, es müht sich nicht ab, es lässt sich schlicht und ergreifend vom Wasser tragen. Kirchenvater Tertullian hat gläubige Menschen »kleine Fische« genannt, die im Fluss der Liebe Gottes schwimmen.

Ich kann nichts dafür, dass meine Bilder sich nicht verkaufen lassen. Aber es wird die Zeit kommen, da die Menschen erkennen, dass sie mehr wert sind als das Geld für die Farbe.

Vincent van Gogh

Richard Rohr, ein zeitgenössischer Theologe, drückt es so aus: »Glaube ist möglicherweise genau die Fähigkeit, dem Fluss zu vertrauen, dem Fließen zu vertrauen und dem, der uns liebt [...] Es gibt einen Fluss, der Fluss fließt, und dieser Fluss ist Gottes versorgende Liebe.«[1]

Für jemanden, der wie ich gern möglichst schnell vorwärtskommen will, ist es gar nicht so leicht, darauf zu vertrauen, dass die Dinge schon alle zur rechten Zeit kommen werden. Ich finde fast immer, es könnte schneller gehen. Einen Fluss beschleunigen – das klappt nicht einmal bei der trägen Spree,

---

1 Richard Rohr: Everything belongs: The gift of contemplative Prayer. New York, Crossroads, 1999, S. 121 – frei übersetzt von der Autorin.

die so langsam fließt, dass ich leider kein kleines Wasserkraftwerk zum Erzeugen von Strom am Schiff anbringen konnte. An windstarken Tagen fließen Holzstücke oder Flaschen sogar oft rückwärts – oder stromaufwärts, wie man korrekt sagt. Einfach »nur« vertrauen, dass die richtigen Dinge und Menschen kommen würden, fiel mir in dieser Phase des Ausbaus nicht leicht. Mir fehlten Finanzen und Fachleute. Das ist eine wenig verheißungsvolle Mischung. Doch gerade dieser Mangel sollte in den nächsten Monaten und Jahren zum Schlüssel dafür werden, Vertrauen zu lernen. Woche für Woche, Bauabschnitt für Bauabschnitt.

Nach dem wunderbaren Einbau der Fenster wollte es wochenlang nicht so richtig vorwärtsgehen. Das Schiff musste ja erst einmal isoliert werden, bevor dann wirklich der eigentliche Ausbau beginnen konnte. Bei einem Haus verwendet man große Platten, zum Beispiel aus Glaswolle, und befestigt sie an den Wänden. Erfahrene Arbeiter können an einem Tag locker einen Raum oder mehr schaffen. Ein Haus ist ja auch gerade, und die Wände sind meist aus einem Stück.

Bei Schiffen ist das anders. »Schiff kommt von schief!«, pflegt Bootsbauer Helge zu sagen. Etymologisch mag das nicht stimmen, aber sachlich ist es auf jeden Fall korrekt. Bei meinem Schiff waren sogar die »geraden« Wände schief.

Ein Stahlschiff besteht aus einem Gerüst aus längs und quer angebrachten Stahlträgern, sogenannten Spanten. Bei meinem Schiff sind sie je 40 bis 50 Zentimeter weit voneinander entfernt. In der Länge sind es etwa 50 Spanten, in Breite und Höhe ca. 10, auf der Decke noch mal 100 – also insgesamt 600 Fächer.

Statt einfach Isolierplatten an Wänden anzubringen, mussten der Boden, die Seitenwände und die Träger jedes einzelnen Faches doppelt mit *Kaiflex* ausgekleidet werden. Das ist eine Art selbstklebende, wärmedämmende Gummimatte, so ähnlich wie Neopren. Am Ende wurde alles noch mit einem Spezialband abgedichtet, damit auch kein Schwitzwasser an das Metall kommt.

Um ein einziges Fach auszukleiden, mussten zwischen vier und zehn Stücke von dem schwarzen, weichen Material ausgemessen werden. Jedes Fach einzeln, denn manche waren 39 mal 42 Zentimeter groß, andere 38 mal 44. Schiff kommt von schief.

Anschließend wurden die Stücke mit Teppichmesser zugeschnitten, um präzise ins Fach geklebt zu werden. Die Klingen wurden so schnell stumpf, dass wir nach einer Weile dazu übergingen, sie im 50er-Pack zu kaufen.

Gemeinsam mit Bootsbauer Helge, der in dieser Zeit erneut an Bord war, begann ich die Decken zu isolieren. Die waren am wichtigsten, da Wärme bekanntlich nach oben entweicht. Für mich war das die Hölle; selbst wenn ich auf einen Hocker stieg, um an die Decke zu kommen, verspannten sich Nacken und Schultern oft extrem schnell. Es wurde klar: Von dieser Tätigkeit sollte ich mich besser fernhalten.

Die silbergrauen Decken des Schiffes wurden zwar Schritt für Schritt beklebt und schwarz, doch es ging nur langsam voran. Ich mag es, wenn es zügig vorwärtsgeht – das »Tempo« damals war nicht nach meinem Geschmack.

An einem Abend im Dezember 2013 schüttete ich Gott mein Herz aus:»Ich bin frustriert – mir geht das alles viiiel zu langsam! Bitte mach was!« Ich war überrascht, wie schnell die Antwort folgte. Am nächsten Morgen rief mich Miriam an und klagte mir ihr Leid. Sie war nach Berlin gekommen, um ihren Horizont zu erweitern und durch ein Praktikum in einer sozialen Einrichtung etwas Sinnvolles zu tun.

Das kleine Problem: Sie durfte nur an zwei Abenden pro Woche in einem Café für Obdachlose arbeiten. Rumsitzen war absolut nicht das Ding der gelernten Gärtnerin – ihr fiel die Decke auf den Kopf. Sie fragte hoffnungsvoll: »Ein Bekannter hat mir gesagt, dass ich dir vielleicht auf deinem Schiff helfen darf.« – »Ja, klar!« – »Wirklich, ich darf echt?«

So kam Miriam die restlichen zwei Monate ihrer Zeit in Berlin jeden Tag für mehrere Stunden an Bord und klebte Kaiflex an die Decken des Schiffes. Es war genial. Sie hatte kräftige Arme, war 1,90 Meter groß und konnte ohne Hocker die Decken isolieren. Tag für Tag, Meter um Meter kämpfte sie sich voran. Als sie wieder zurück in die schwäbische Heimat ging, hatte sie mit »Schaffe, schaffe, Schifle baue!« unglaublich viel geschafft. Alle Decken und viele Wände waren nun isoliert. Zum Abschied krönte ich sie mit Urkunde und allem Drum und Dran zur »Kaiflex-Königin«.

Der zweite Hoffnungsschimmer kam in Form meines Cousins, der mir eine Woche lang beim Entrosten half. Beim Überprüfen der Wände in den Schlafräumen hatten wir auf etwa 20 Quadratmetern Fläche festgestellt, dass sie nicht gut – oder um genau zu sein: gar nicht – entrostet worden waren. Der Sandstrahler war ja schon weg, also mussten wir noch einmal von Hand entrosten.

Mein Cousin ist kräftig, arbeitet auf dem Bau und beherrscht handwerklich so ziemlich alles. Er kämpfte sich mit schweren Bürsten durch Schichten von Rost. Nach nur einer Woche waren die 20 Quadratmeter entrostet und mit schützendem Schiffsbodenöl gestrichen. Er und ein paar andere

Männer hoben sogar noch mit einem Seilzug und vereinter Muskelkraft den riesigen, etwa 100 Kilo schweren alten Kompressor aus den Schlafräumen an Deck – jetzt war Platz.

Der dritte Hoffnungsstrahl kam in Form einer E-Mail meines portugiesischen Freundes Nuno. Als ich ihn und seine Frau Sara einmal besuchte, erzählten sie mir, dass sie sich nach Kindern sehnten, sie aber trotz aller Versuche nicht schwanger werden konnte. Ich tat das Einzige, was mir als Nicht-Expert für Fruchtbarkeitsfragen einfiel: Ich betete für sie.

Als Sara kurz nach meinem Gebet schwanger wurde, schrieben sie das meinen Gebeten zu. Ich bin da etwas vorsichtiger. Zum einen ist die Zuordnung »hier Gebet – dort Antwort« nicht immer eindeutig. Und zum anderen gab es sicher viele andere Menschen, die mit ihren Wünschen und Gebeten dazu beigetragen hatten, das »Fass des Segens!« zu füllen, das sich nun in Form eines Kindes namens Julia in ihr Leben ausschüttete. Mein Gebet war vielleicht nur der letzte Tropfen gewesen.

Wie dem auch sei – bei Nuno hatte ich seit dem Gebet für Kindersegen einen Stein im Brett. Als er hörte, dass es an Bord nicht recht vorwärtsging, schrieb er: »Zwei Freunde und ich haben Zeit, weil wir wegen der Wirtschaftskrise arbeitslos sind. Aber wir haben kein Geld. Wenn du uns Billigflieger-Tickets bezahlen kannst, helfen wir dir zehn Tage an Bord!« – »Geht in Ordnung! Kommt!«

Die Zeit mit Nuno, Cris und Flavio sollte unvergesslich werden. Für die drei Männer, die in der einzigen Woche kamen, in der in diesem Winter Schnee lag, war das ein Erlebnis. Täglich posteten sie auf Facebook Bilder von sich in Heldenposen im »harten deutschen Winter«.

An Bord erwiesen sie sich als echte Helden. Ihre Aufgabe war, die entrosteten Wände unter Deck zu lackieren und mit Isolierung zu bekleben. Sie strichen mit hellblauem Lack, die fertige Fläche verzierten sie zusätzlich mit einem großen »Portugal«-Schriftzug in roter Lackfarbe.

So weit lief alles nach Plan. Nur trocknen wollte die Farbe nicht – sie blieb klebrig und nass. Wir schoben das anfänglich auf die Minustemperaturen. Als die Farbe aber nach vier Tagen noch nicht einmal ansatzweise getrocknet war, gingen wir auf die vertiefte Ursachenforschung. Wir entdeckten: Die Farbe aus den Beständen von Franz war Zwei-Komponenten-Lack. Zu Komponente eins, dem Lack, muss man eine zweite Komponente geben, die dann für das Aushärten sorgt.

Auf der weißen Farbtonne war im trüben Winterlicht nicht erkennbar, dass ein Teil des Etiketts abgerissen war – der Teil, auf dem »Härter beimischen« stand. Auweia. Das hatten wir nicht gesehen. Manchmal lohnt es sich, das kleine bisschen Extrazeit zu investieren, um auf die Details zu achten.

Wir entschieden uns fürs Improvisieren. Wir strichen den Härter nachträglich auf die Farbe. Langsam fing sie zu trocknen an. Später beim Isolieren dieser Fläche griffen wir ab und zu auf Flächen, die nicht vom Härter berührt worden waren. Sie waren immer noch klebrig-feucht.

Natürlich saßen die harten Kerle in den vier Tagen, in denen wir erfolglos auf das Trocknen der Farbe warteten, nicht untätig herum. Sie packten das Steuerhaus an, das bisher nicht angetastet worden war. Wir räumten einige Hundert Kilo Schrauben und Muttern und sonstiges brauchbares und unbrauchbares Werkzeug aus, und ich sortierte acht Stunden lang das, was noch brauchbar war, nach Größen.

Dann stürzten die Helden sich auf die Decke. Dort war Holz mit Schrauben befestigt worden, die so verrostet waren, dass sie nur mit roher Gewalt zu entfernen waren. Diese Aufgabe war ganz nach ihrem Geschmack. Laute Hammerschläge und ebenso laute Erfolgsrufe hallten stundenlang durchs Schiff.

Ich war gerade im Maschinenraum beschäftigt, als mich ein markerschütternder Schrei von oben erschreckte: »Waasss tust du?« Nuno hatte mit der Flex alte Metallstücke abgeschnitten, aber nicht beachtet, dass die Funken bis ins Wohnzimmer flogen – direkt neben das Kaminholz. Der Schrei kam von Helge, der bei 1,70 Meter Körpergröße ein beachtliches Stimmvolumen an den Tag legte.

Meine portugiesischen Freunde sollten noch Jahre später von ihren Heldentaten im bitterkalten deutschen Winter erzählen und von dem Schrei, der ihnen allen das Blut in den Adern gefrieren ließ.

FREIHEIT GESTALTEN

Oder: Was eine Toilette mit Freiheit zu tun hat.
Und welchen Einfluss die eigenen Werte auf die
Gestaltung von Räumen haben.

Frühjahr 2014. Freiheit fängt mit Denken an: Welche Art
von Freiheit hätte ich denn gern? Es gibt viele verschiedene Varianten von Freiheit – leider selten alle gleichzeitig. Da
ist die innere Freiheit, die mir sehr wichtig ist: Ich möchte
innerlich frei und offen sein und dem Leben, Gott und Menschen mit Liebe begegnen.

Liebe und Angst schließen *Zum Glück brauchst du Freiheit,*
sich gegenseitig aus. Innere Un- *zur Freiheit brauchst du Mut.*
freiheit ist keine lebenswerte *Perikles*
Option für mich. Wann immer
ich etwas Zwanghaftes, Ängstliches oder Unfreies in mir entdecke, sage ich ihm den Kampf an und nutze dafür alle Waffen, die mir zur Verfügung stehen. Meist ist das eine Mischung
aus Reflexion, Coaching und Gebet.

Finanzielle Freiheit und Unabhängigkeit hingegen waren
mir lange Zeit nicht sonderlich wichtig. Ich habe sechs Jahre
lang bei einem Verein gearbeitet, der mir nicht das Gehalt
zahlen konnte, das meinen Qualifikationen entsprach. Weil
ich mich stark mit den Zielen des Vereins identifizierte, war
das okay für mich.

Ich wollte beim Schiffsbau so wenig Schulden wie möglich
machen, um nicht jahrelang finanziell unter Druck zu stehen.

Deshalb vergab ich nur die nötigsten Aufträge an Firmen und Fachkräfte. So viel wie möglich baute ich gemeinsam mit Freunden und Bekannten. Gleichzeitig war ich bereit, in der Bauphase mehr Geld für bestimmte Installationen wie Solarpaneele auszugeben, wenn dadurch später die regelmäßigen Kosten sinken würden.

Schließlich war Freiheit vom Organisatorischen ein hohes Ziel. Da mich Managementaufgaben weit mehr Kraft kosten, als zu schreiben oder zu coachen, versuche ich, organisatorische Aufgaben auf ein Minimum zu reduzieren.

Neben meinem Schreibtisch liegt deshalb ein Zettel: Was kann ich tun, um diese ungeliebte Aufgabe nie wieder tun zu müssen? Es ist ein hohes Ziel für mich, ungeliebte Aufgaben komplett abzuschaffen oder wenigstens zu vereinfachen, zu automatisieren oder zu delegieren.

Als es endlich an den Innenausbau des Schiffes ging, war mir deshalb wichtig: Alles muss so konzipiert werden, dass der Aufwand, es zu betreiben, möglichst gering ist Das fing mit der Toilette an. Normalerweise wird auf Schiffen mit Wasser gespült und alles in einem großen Abwassertank gesammelt, der von einem speziellen Bunkerboot abgepumpt werden kann.

Ein Ein-Personen-Haushalt verbraucht ca. 70 Liter Wasser pro Tag, etwa die Hälfte davon mit der Toilettenspülung. Meine Tanks hatten nur ein Volumen von 1000 Litern. Das würde bedeuten, dass ich mindestens zwei Mal im Monat ein Bunkerschiff ordern müsste – bei Gästen noch öfter. Das war weder organisatorische Freiheit noch ökologisch. Ich wollte eine bessere Lösung. Alle erfahrenen Schiffsbauer versicherten mir, dass es keine gab.

Mr. Google bekam einen roten Kopf vor Anstrengung, als wir ihm eine Frage nach der anderen stellten, doch am Ende spuckte er die Lösung aus. Es gab Komposttoiletten mit riesigen Behältern, die Feststoffe und Urin trennten und ohne Chemie auskamen. Die relativ geringe Menge an Urin kann abgepumpt werden. Die Feststoffe werden durch Verrottung zu Humus. Unterdruck sorgt mithilfe eines Ventilators für die Entsorgung von Gerüchen und die Zufuhr von Sauerstoff für die Bakterien. Und dafür, dass es an sehr stürmischen Tagen auch um den Allerwertesten etwas windet.

Nie hätte ich gedacht, dass ich einmal einen vierstelligen Betrag für eine Toilette ausgeben würde. Aber das gute Stück, liebevoll Emmi getauft, war eine der besten Anschaffungen meines Lebens. Sie war so groß, dass es fast drei Jahre dauern sollte, bis der Sammelbehälter erstmals voll war und geleert werden musste. Einmal im Jahr 15 Minuten Humus in Eimern von Bord tragen und auf karge Böden streuen – das entspricht meinem Verständnis von dem, was organisatorisch für das Betreiben einer Toilette angemessen und ökologisch sinnvoll ist.

Aus lauter Freude über den Einbau von Emmi habe ich gleich noch ein weiteres Klo gebaut – in Afghanistan. Eine Hilfsorganisation bietet augenzwinkernd die Möglichkeit, eine Toilettenpatenschaft einzugehen. Man bezahlt den Bau einer Dorftoilette in einer Gegend ohne ausreichende sanitäre Versorgung und bekommt dafür eine Patenschaftsurkunde im Rahmen aus fairem Holz.

Emmi hat also jetzt ein Partnerklo in Afghanistan: Latrine Nr. 25050 liegt im Dorf Maghzar, auf 37.20100600 Breite und 70.26327500 Länge. Das Land Afghanistan und seine schönen, leiderprobten Menschen sind mir seit einem Besuch von Hilfsprojekten dort im Jahr 2004 sehr ans Herz gewachsen, und ich liebe es, Projekte zu unterstützen, die den Menschen dort beim mühevollen Wiederaufbau nach Jahren des Krieges helfen.

Immer wenn ich auf die Patenschaftsurkunde blicke, bewegt mich, mit wie wenig Aufwand man viel erreichen kann. Vielleicht sind einige Menschen am Leben, die sonst wegen der schlechten hygienischen Verhältnisse gestorben wären. Später erzählte mir eine Frau, die von meinem Partnerklo gehört hatte, dass sie davon inspiriert auch einem Dorf eine Toilette geschenkt hat und regelmäßig für die Menschen »ihres« Dorfes betet.

Auch bei anderen Aspekten leitete uns die Frage, wie man das Schiff so umweltfreundlich wie möglich bauen könnte. Immer wieder war ich erstaunt, wie sich genau die richtigen Lösungen und vor allem die passenden Menschen für herausfordernde Aufgaben fanden.

Über einen Bekannten, der ein Restaurantschiff besitzt, lernte ich den Elektriker Uwe und seinen Sohn Flo kennen, die sich beide mit Schiffen auskannten. Das ist nicht unwichtig, denn die Kombination aus Wasser und Metall stellt andere Herausforderungen an die Elektrik als ein Haus. So muss zum Beispiel jede einzelne Leitung separat gesichert werden – nicht wie bei einem Haus, wo es meist nur eine oder zwei Sicherungen pro Raum gibt.

Uwe konzipierte ein geniales System mit zwei Stromkreisen. Einmal 220 Volt – für Geräte wie Föhn, Computer, Waschmaschine und Spülmaschine. Daneben gibt es einen zweiten Stromkreis für alle Lampen und eine der Pumpen an

Bord mit zwölf Volt. Zwei Solarpaneele reichen an 90 Prozent der Tage im Jahr aus, um den Akku mit genug Strom für die Beleuchtung zu füllen und sogar Handys aufzuladen.

Der 12-Volt-Stromkreislauf hat noch einen weiteren Vorteil: Man hat an Bord immer Licht. Selbst dann, wenn es mal einen Stromausfall in der 220-Volt-Leitung gibt, die von Land an Bord geht. In den ersten Jahren war das regelmäßig der Fall, wenn in der Werft viel gearbeitet wurde. Später bauten wir dann auch eine große Solaranlage, um auch 220 Volt Strom selbst erzeugen zu können und von Landstrom unabhängig zu sein.

Die Akkus selbst sind ein Geschenk des deutschen Staates, der ein Gesetz erlassen hat, dass die Akkus von Windkraftanlagensteuerungen alle anderthalb Jahre ausgewechselt werden müssen – aus Sicherheitsgründen. In der Regel werden die noch gut erhaltenen Akkus entsorgt. Ökologisch ist das alles andere als schön, für mich ein Glücksgriff – ich bekam sie geschenkt.

Mit dem Ziel vor Augen, den Betrieb des Schiffes organisatorisch und finanziell so schlank wie möglich zu halten, fanden wir eine Lösung nach der anderen: Einen Pellet-Ofen, der das ganze Schiff heizt, bei Heizkosten von rund 1000 Euro im Jahr. Oder einen Trinkwassertank, der nur selten Monate befüllt werden muss, weil wir das darin enthaltene Wasser tatsächlich nur zum Trinken und Kochen verwenden. Für andere Aktivitäten wie etwa die Reinigung der Decks genügt Wasser aus der Spree vollkommen.

Neben den großen Geräten waren es die vielen kleinen Tricks und Tipps, die halfen, das Leben an Bord so ökologisch und schlank wie möglich zu machen. So haben wir beispielsweise die ganze Bauzeit hindurch Sägespäne in Eierkartons gepresst und daraus Briketts für den Ofen gemacht. Das schlug gleich drei Fliegen mit einer Klappe: Motivierten, aber handwerklich absolut unbegabten Helfern konnten wir eine sinnvolle Beschäftigung geben. Darüber hinaus hatten wir weniger Müll und stattdessen mehr Wärme. Das Leben war schöner und leichter – auch das ist eine Freiheit.

SCHIROKKO

Oder: Wie man auf die Frage, wann das Schiff fertig
ist, diplomatisch antwortet. Und wie man sich auf
dem langen Weg zum Ziel motiviert.

W ann soll das Schiff denn fertig sein?« Diese Frage habe
ich unzählige Male gehört. Von Mai 2014 an antwortete
ich entspannt und ruhig: »im Ap-
ril 2014!« Das war der Termin, an   *Geduld ist die Kunst, zu hoffen.*
dem das Schiff nach dem Plan von   *Friedrich von Bodelschwingh*
Franz hatte fertig sein sollen. Die
Fragenden stutzten im ersten Moment – dann lachten sie. Denn
sie verstanden: Wie lange es dauern würde, war nicht absehbar.

Zu viele Faktoren waren nicht berechenbar. Dazu gehörte
meine finanzielle Lage – Monat für Monat entschieden wir
neu, was wir uns leisten konnten. Wir, das waren Helge und
ich und auch Uwe, der Elektriker, der an Bord kam, wann immer es sein Hauptberuf ermöglichte.

Helge wurde meine größte Stütze. Da ein anderes seiner
Projekte zu Ende ging, arbeitete er jetzt die meiste Zeit bei mir
an Bord. Stück um Stück lernte ich seine menschlichen und
professionellen Qualitäten kennen.

So ein Schiffsbauer muss ja alles können: von Stahl über
Holz bis hin zu Elektrik, Umgang mit Maschinen und was
weiß ich noch alles. Da Helge auch noch Physik studiert hatte,
bevor er sich entschied, seine Leidenschaft für Holz auszule-
ben, lernte ich bei jedem Aufenthalt an Bord Neues dazu.

Ich war etwa 20 Stunden pro Woche an Bord. Samstags hatten wir oft richtige Arbeitspartys mit bis zu 15 Helfern. Eine treue Seele brachte neben ihrer Arbeitskraft oft einen Kofferraum voller Schätze mit: Latten zum Bauen der Deckenverkleidung, aber auch Getränke, Schokolade, Kekse, Hefezopf und nahrhafte Linsensuppe. Im Gegenzug nahm sie Verpackungen und Müll mit von Bord.

Das war nicht nur ein finanzielles, sondern auch ein sehr hilfreiches Geschenk. Ich besaß ausschließlich mein heiß geliebtes Liegerad, was für den An- und Abtransport von Material nur bedingt geeignet war. Da ich ja bloß zur Untermiete am Steg lag, hatte ich keine eigene Mülltonne und musste bei der Entsorgung improvisieren.

Es war faszinierend zu sehen, wie jeder auf die Art und Weise half, wie er konnte. Eine Freundin, die in der Nähe wohnte, fuhr häufig sperrige Abfälle und Sondermüll bei Bedarf zum nahe gelegenen Recyclinghof. Ein Architektenpaar maß das ganze Schiff und erstellte neue Pläne. Eine andere Freundin nähte farblich passende Kissenbezüge für den Seminarraum. Es sollte zwar noch eine Weile dauern, bis wir die nutzen konnten. Aber was man hat, hat man.

Eine große Hilfe waren auch die Teams von »Serve the city«: Freiwillige, die sich einen Nachmittag pro Monat bei interessanten Projekten engagieren. Oft waren sie nur drei Stunden an Bord, rückten aber mit acht bis fünfzehn Mann an. Wir setzten sie oft zum Streichen oder Umräumen ein. Menschenketten waren ideal, wenn große Mengen Baumaterial von einem Bereich in einen anderen transportiert werden mussten, weil wir nun im nächsten Bereich mit der Arbeit beginnen wollten.

Einmal war sogar eine Gruppe Manager eines süddeutschen Automobilkonzerns an Bord. Sie hatten irgendwie von meinem Schiff gehört und fragten an, ob sie einen halben Tag bei mir an Bord arbeiten könnten, als Teil ihres Teambuilding-Wochenendes. Ich fragte sie, wer welche Begabungen und Vorlieben hätte, und verteilte die Arbeit entsprechend. Die Teammitglieder lernten sich beim gemeinsamen Bauen einmal in ganz anderem Kontext kennen. Das fanden alle spannend und spaßig. Am Ende gab es – natürlich – noch leckere bayerische Butterbrezeln.

Nicht jeder Helfer war handwerklich begabt. Die Wand der Reling war hell, doch ein alter Schiffsbauertrick ist, dass man die untere Kante dunkel streicht, damit man nicht gleich jedes bisschen Dreck sieht. Eine Frau, die ich bat, die Unterkante vom Deck handbreit und möglichst gerade mit grauer Farbe zu streichen, entwickelte auf den fünf Metern, die sie strich, Variationen von »handbreit«, die von zwei bis 20 Zentimeter reichten. So hatte ich mir das nicht vorgestellt. Wir strichen später nach.

Dann war da noch der Helfer, dem ich zeigte, wie er mit der Stichsäge Holzreste für den Kaminofen verkleinern könnte. Ich dachte, dass man dabei nicht viel falsch machen kann. Ich irrte mich. Später suchten wir die Sägeböcke, die ich ihm als Arbeitshilfe hingestellt hatte. Wir fanden sie tatsächlich – im Korb mit Feuerholz. Nach einem ersten Schreck entschieden wir uns, über die Panne zu lachen: Die Krise von heute ist der Witz von morgen – warum also nicht gleich lachen?

Letztlich war das ganze Schiffsprojekt wie ein Marathon, der sich letztendlich fünf Jahre lang hinzog. Meine frühere Wohnung lag in der Nähe von Kilometer 20 auf der Berliner

Marathonstrecke. Ich ging, sobald ich den Hubschrauber hörte, der die Spitzentruppe von oben filmte, zum Zuschauen auf die Straße. Am Anfang bejubelten die anderen Zuschauer und ich die Stars, später auch die Läufer, die nicht ganz so schnell vorwärtskamen.

Ich versuchte stets, diejenigen zu entdecken, die gerade etwas müde und kraftlos wirkten, nahm mit ihnen Blickkontakt auf, winkte, lächelte und jubelte ihnen zu. Andere Menschen standen am Rand und reichten den Läufern Wasser.

Diese emotionale und praktische Unterstützung ist für einen Marathon essenziell. Besonders bei den richtig harten Stellen. Etwas weiter, etwa bei Kilometer 28, geht es bergauf – na ja, so bergauf, wie es in Berlin eben bergauf gehen kann. Das Ziel ist noch weit weg. Die Kräfte schwinden. Der Anstieg zieht sich lange hin. Da ist der Rückenwind durch andere besonders hilfreich.

So wichtig die Menschen sind, die am Rand der Strecke zusehen, jubeln, ermutigen und Stärkungen verteilen: Laufen muss man selbst, Schritt für Schritt.

In meinem Blog schrieb ich damals:

Ich merke, wie gut mir in dieser Phase des langen Laufs Ermutigung tut und wie nötig ich sie brauche: Die Freundin, die segnend für mich betet, die Schokolade, die mir jemand schenkt, eine Karte mit einem Text, der mich berührt und stärkt, die Blumen, die mir ein Filmteam vor ein paar Tagen mitbrachte, die Helfer, die mit anpacken, das eine oder andere Geschenk, die ermutigenden Kommentare – all das gibt mir Kraft, weiterzulaufen. Und ich weiß: In ein paar Monaten wird der Zieleinlauf schon fast sichtbar sein.

Die Menschen waren sehr kreativ in dem, wie sie mir unter die Arme griffen. Eine Bekannte schrieb: »Zum Geburtstag ›zocke‹ ich hoffentlich meine Gäste ab, indem ich sie für dein Schiffsprojekt begeistere, die Sparbüchse auffällig positioniere und ihnen zur Verstärkung gleich eines deiner Quadro-Trainingshefte mitgebe! Dir wünsche ich im Gefühls-auf-und-Ab einfach nur, wieder zur Ruhe zu kommen – und das Wissen, dass du nicht alleine bist!!!«

Ich habe mir vorgenommen, Menschen, die in großen Projekten stecken, zu ermutigen, wann immer ich dazu die Möglichkeit habe. Denn oft wissen Menschen gar nicht, wie sehr man schätzt, was sie tun, nur weil man vergisst, es zu zeigen.

Mir gab neben der Stärkung durch Menschen, die mich anfeuerten, der Rückblick auf das, was wir schon geschafft hatten, erstaunlicherweise mehr Kraft als der Blick nach vorn zum noch immer weit entfernten Ziel.

Wann immer ich beim Nachdenken über all das, was noch nicht fertig war, mutlos zu werden drohte, nahm ich mein Handy zur Hand und scrollte durch die Fotos vom Umbau. Ich blickte auf die Bilder dessen, was wir schon geschafft hatten, und freute mich über jede Etappe: Die Fenster sind drin, alles ist isoliert, es gibt jetzt eine Eingangstür, ohne 15 Zentimeter breite Windritzen. Die Pumpen sind angeschlossen, das Untergeschoss hat jetzt einen stabilen Fußboden, der Wohnraum eine Wandverkleidung. Die Abwassertanks sind gereinigt und nutzbar – wie Isaac seinen 1,90 Meter langen Körper durch die schmale Öffnung in die Tanks gewunden hat, um sie zu säubern und zu streichen, wird mir vermutlich immer ein Rätsel bleiben.

Natürlich gab es auch in dieser Phase Pannen und Unfälle – das lässt sich bei einem Projekt dieser Größenordnung nicht vermeiden. Die meisten waren eher harmlose Schnitzer oder auch mal ein Brett vor dem Kopf im durchaus wörtlichen Sinne. Am heftigsten hat es mich erwischt. Ich stand einmal mit der Entrostungsmaschine auf einem schmalen Grat und reagierte lächelnd auf die Bitte einer Freundin: »Dreh dich mal zu mir. Ich will ein Foto von dir machen!« Ich vergaß dabei leider, dass ich keinen festen Boden unter mir hatte, und stürzte rückwärts auf eine zwei Millimeter breite Metallschiene. Das hatte zur Folge, dass ich wohl das größte Tattoo der WM 2014 hatte – mein kompletter Oberschenkel war schwarz-rot-gold. So konnte ich leider das legendäre 7:1 im Spiel Deutschland – Brasilien nicht auf der Fanmeile sehen, sondern gemeinsam mit einer Freundin mit hochgelegtem Bein zu Hause am Laptop – einen Fernseher habe ich nicht.

Es war eine etwas skurrile Erfahrung, weil das Internet etwa zwei Minuten zeitverzögert überträgt. Wir hörten die Fernsehzuschauer aus der nahe gelegenen Kneipe schon jubeln, als unsere Jungs noch im eigenen Strafraum standen. Immer wieder dachten wir beim Jubel: Die freuen sich über eine Wiederholung des Tores. Erst beim 5:0 hatten wir uns langsam daran gewöhnt, dass der Jubel draußen tatsächlich stets ein neues Tor der deutschen Mannschaft bedeutete.

Manchmal läuft es tatsächlich gut. Vielleicht nicht gerade 7:1, sondern eher 3:2 – es gibt weniger Rückschläge als Erfolge. Insgesamt war diese Phase eine Zeit der sehr, sehr harten Arbeit und Anstrengung, aber auch eine, in der durch die fachkundige Begleitung von Helge und die vielen Menschen, die mithalfen, vieles wie am Schnürchen lief.

Wie lange es bis zum Zieleinlauf »im April 2014« noch dauern würde, war zu dieser Zeit schwer zu sagen – da Schiffsbauprojekte, anders als Marathons, keine Kilometermarken am Rand des Weges haben. Klar war nur, es würde noch eine Weile dauern, bis die Sektkorken im Zieleinlauf knallen würden. Manche bemitleideten mich, andere ermutigten mich oder drückten ihre Bewunderung aus: »Wow. Du hältst durch!« Und ich lief einfach und tat jeden Montag, Mittwoch und Freitag einen Arbeitsschritt nach dem anderen – auch wenn ich nicht wusste, wie weit das Ziel noch entfernt war.

TEIL 4

In welcher Phase der Vision ein Visionär sich befindet, erkennt man an den Kommentaren seiner Mitmenschen.

Phase 4: »Ich beneide dich.
Du lebst deinen Traum!«

AUFWIND

Oder: Wie mitten im Unfertigen Schönes wächst. Und wie Neuanfänge da geschehen, wo alles zu Ende zu sein scheint.

Sag mal, Kerstin, wenn dein Schiff untergehen würde, wäre damit dein Traum für immer gestorben?« Michael stellte diese Frage an mich, doch ich hörte darin auch seine eigene, große Frage: »Wie gehe ich mit geplatzten Träumen um?«

Meine Freundin Miriam hatte mich gefragt, ob einer ihrer Freunde, Michael, dem es gerade nicht gut ging, zu mir aufs Schiff kommen könnte. Ich fragte zurück: »Ist er eher cool drauf oder eher schräg?« – »Ein bisschen was von beidem!«, schrieb sie zurück. Das war für mich okay. Einen ganz schrägen Menschen an Bord zu haben wäre mir zu heftig gewesen, aber etwas schräg fand ich schon okay. Sind wir ja alle.

Es gibt ein Bleiben im Gehen, ein Gewinnen im Verlieren, einen Neuanfang im Ende.

Aus Japan

Michael zog in die »Dunkelkammer« – das Gästezimmer hatte zu diesem Zeitpunkt nur schwarze Isolierung aus Kaiflex, aber noch keine Verkleidung an den Wänden. Doch Dunkelkammern sind ja bekanntlich der beste Ort für Entwicklung. Das war zumindest in meiner Jugend so, als wir in den schlecht eingerichteten Fotolaboren unserer Schulen unsere eigenen Schwarz-Weiß-Fotos entwickelten und nervös kicherten, wenn uns versehentlich der nette Junge aus der Nachbarklasse berührte.

Michael half an Bord und beklebte endlose Flächen mit der schwarzen Isolierung. Ich unterstützte ihn mit Gesprächen und Coaching, so gut ich konnte. Ihm war das Leben um die Ohren geflogen. Er wollte seinen Traum verwirklichen, in das Leben junger Menschen zu investieren. Deshalb hatte er sich bei einer Organisation in den USA beworben, die Persönlichkeitstraining mit Outdoor kombiniert – voll sein Ding. Er war angenommen worden und kündigte daraufhin seine Wohnung, legte seinen Beamtenstatus auf Eis und erhielt dann völlig unerwartet kein Visum für die USA.

Der Traum platzte mit so einer Heftigkeit, dass ihm Hören und Sehen verging. Dazu kamen private und finanzielle Probleme – als Beamter in Freistellung durfte er kein Geld in der EU verdienen. All das wirkte sich auf sein Selbstvertrauen, seine Lebensfreude und seinen Glauben aus. Als er kam, ging es ihm richtig, richtig schlecht.

Mir hingegen war es ein zu kleines Ziel, ihm »nur« bei der Bewältigung der aktuellen Krise beizustehen. Ich wollte, dass sich auch tief sitzende Lebensmuster lösen würden und er am Ende der Zeit auch einiges an altem inneren Ballast nicht mehr mit sich herumschleppen müsste. Krisen sind schlimm genug. Es wäre ineffizient und bedauerlich, sie nur irgendwie zu überstehen und dann weiterzumachen wie vorher. Ich sehe eine meiner Aufgaben im Coaching darin, Menschen zu helfen, die Kraft, die in der Erschütterung durch Krisen liegt, aktiv zu nutzen – etwa indem sie »nebenbei« gleich noch einige alte Lebensmuster aufbrechen und verändern und am Ende leichter als vorher weitergehen können.

Es sollte gelingen. Michael half das Schiff zu sanieren, ich unterstützte ihn bei seiner inneren Sanierung. Aus den geplanten zwei Wochen, die er ursprünglich bleiben wollte, wurde über ein halbes Jahr. Irgendwann, etwa zur halben Zeit bei mir, traf er Miriam wieder. Sie rief mich anschließend an: »Was hast du denn mit Michael gemacht – der sieht ja ganz anders aus. Selbst sein Gesicht ist viel freier, da hat sich ja krass was verändert!«

Der Erfolg lag nicht nur in seiner Bereitschaft zur Veränderung und in meinen Coaching-Fähigkeiten begründet. Es gab noch eine Geheimwaffe. Ich lebte damals ja noch nicht an Bord. Michael teilte sich das Schiff also mit Bootsbauer Helge. Diese Männer-WG von zwei ausgeprägten Charakteren wurde zum Prozessbeschleuniger – ab und an drückte Helge versehentlich auf Knöpfe, die in Michael etwas Altes hochbrachten, das dann im Coaching intensiver bearbeitet werden konnte. Das war zeitweise heftig anstrengend für alle Beteiligten, aber zugleich sehr effektiv.

Auch wenn wir viel miteinander sprachen, wann immer ich an Bord war, hielten wir die eigentlichen Coaching-Sitzungen in der Regel in meinen Räumen ab. Professionell zwischen freundschaftlichen Gesprächen und intensivem Coaching zu trennen war und ist mir sehr wichtig.

Gutes Coaching hat die Kraft, messerscharf alte Muster aufzudecken und zu durchdringen. Kein Arzt würde auf einer Party plötzlich sein Skalpell zücken, wenn jemand ihm von einem medizinischen Problem erzählt. In gleicher Weise behalte ich auch als Coach meine Werkzeuge im Kasten und hole sie nur dann raus, wenn der Rahmen dafür klar gesetzt ist.

Wie scharf die Fragen sind, erlebte ich einmal, als mich eine Frau in einem Kochkurs – dem einzigen meines Lebens – einmal fragte, was man als Coach so macht. Ich versuchte ihr zu erklären, dass die Kraft des Coachings nicht im Ratgeben, sondern in Fragen besteht, die beim Kunden etwas auslösen. Sie konnte sich nichts darunter vorstellen, also lud ich sie zu einem Experiment ein. Ich bat sie, an ein Problem zu denken, ohne mir davon zu sagen – ich kannte sie ja kaum. Als sie sich für ein Problem entschieden hatte, stellte ich ihr dazu eine typische Coaching-Frage: »Stellen Sie sich vor, Sie hätten die Aufgabe, das Problem noch schlimmer zu machen. Was genau müssten Sie dafür tun?« Sie blickte mich mit weit aufgerissenen Augen an und wurde bleich. Was ihr Problem war, weiß ich bis heute nicht, doch es war anhand ihrer Körpersprache offensichtlich, dass das Nachdenken über die Frage in ihr neue Erkenntnisse ausgelöst hat. Coaching kann so scharf und kraftvoll wie ein Skalpell sein.

Michael setzte sich dem aus – mutig und entschlossen. Auch weil er mir vertraute. In einem Interview mit einem Fernsehsender, der an zwei eisig kalten Wintertagen an Bord kam, um über das Projekt zu berichten, sagte er: »Ich kam in einer schwierigen Situation hierher. Was mich am Anfang sehr angesprochen hat, war, dass Kerstin immer wieder sagte: ›Es darf sein, was ist. Und von diesem Punkt aus kannst du weitergehen.‹« Als er weiterzog, waren noch nicht alle Baustellen fertig – weder am Schiff noch in ihm –, doch vieles war stabiler und gesünder geworden. Er machte sich wieder auf – nach Neuseeland, um seinen Traum zu leben. Dort erlebte er Höhen und Tiefen, Rückschläge und Erfolge und ging gut damit um. Ich bin mächtig stolz auf ihn und dankbar, dass ich ihm in seiner Krisenzeit beistehen konnte.

So lange wie Michael ist seither niemand mehr an Bord geblieben. Ich habe – inspiriert von der Praxis eines alten Mönches – die Zeit, die Coaching-Gäste mit mir an Bord sein können, mittlerweile auf maximal drei Wochen beschränkt – immer vom 2. bis zum 22. eines Monats. Vom 23. des alten bis zum 1. des neuen Monats darf Ruhe für mich sein und Zeit zum Auftanken und Genießen. Das ist für mich ein passender Rahmen.

Was mich besonders berührt hat: Zu dem Zeitpunkt, als Michael kam, war das Schiff noch keineswegs fertig. Manche Menschen denken, dass eine Umgebung oder auch ein Mensch perfekt und fertig sein muss, bevor sie oder er zum Wohl anderer Menschen eingesetzt werden kann. Wer sagt denn, dass etwas perfekt sein muss, um zu beginnen und Gutes zu bewirken? Es gibt ein kurzes Video, in dem ein Mann sagt: »Wenn du den Traum hast, weltweit Schulen zu gründen, dann warte nicht, bis du die Millionen hast, die dafür nötig sind. Setze den Aspekt des Traumes um, den du jetzt schon gestalten kannst – bring etwa einem Menschen bei, was du kannst.«

So lebe ich. Mit dem, was ich habe, tue ich, was ich kann, und lebe meinen Traum. Als Michael kam. hatte ich ein halbfertiges Schiff und wie jeder Mensch 24 Stunden Zeit pro Tag, die ich zwischen meinen Aufgaben und einer gesunden Portion Schlaf verteilen konnte. Damit habe ich angefangen.

Das ist auch der Rat, den ich jedem Menschen gebe, der einen Traum im Herzen hat: Warte nicht, bis du die Millionen hast oder die Räume für das Café, von dem du träumst. Schau nach, welchen Teil deines Traumes du jetzt schon leben kannst, und beginne heute damit, deinen Traum zu leben – selbst wenn du aktuell nur ein Prozent des Traumes umsetzen kannst.

Das Ausprobieren ist auch ein guter Test, ob der Traum wirklich zu einem passt. Coach Jenna Kutcher erzählt, dass sie als Kind unbedingt Tierärztin werden wollte. Sie stellte es sich ganz wunderbar vor, sich den ganzen Tag um Tiere zu kümmern.

In ihrer großen Weisheit organisierte ihre Mutter als Realitätscheck für sie die Möglichkeit, einem Tierarzt zwei Tage lang über die Schulter zu schauen – als Zehnjährige! Danach war ihr klar: Ich bin berufen, Hunde zu knuddeln und zu lieben – aber nicht, um sie zu operieren. Ihre Berufung fand sie später in der Fotografie und im Training.

Ich selbst dachte lange, ich würde eines Tages die Bibel in eine Sprache übersetzen, in der es sie noch nicht gab, weil mich die Möglichkeit faszinierte, Menschen auf diese Art und Weise Zugang zu dem mir kostbaren Buch zu geben. Eines Tages stellte ich bei einem Workshop fest, dass mir dazu eine wesentliche Fähigkeit fehlt, nämlich mit akribischer Genauigkeit die kleinsten Details zu analysieren – etwa wie in einer Sprache Pluralformen weiblicher Nomen gebildet werden oder die zweite Vergangenheitsform Passiv.

Damit uns etwas nachhaltig motiviert, müssen wir Sinn darin sehen – das war der Fall. Es muss aber auch zu unseren Fähigkeiten passen – das war bei Sprachanalyse definitiv nicht gegeben. Und schließlich muss auch das Umfeld stimmen, also der praktische, organisatorische und finanzielle Rahmen.

Wenn man noch keinen großen Rahmen spannen kann, dann beginnt man eben mit einem kleinen. Damit testet man, ob man in dem, wovon man träumt, tatsächlich Sinn findet und ob es den eigenen Fähigkeiten entspricht. Und dann sucht man weiter, wie man es in einem größeren Rahmen umsetzen kann.

Und sollte eine Umsetzungsform, von der man träumt, scheitern, kann man andere Wege finden. Das habe ich damals auch Michael auf seine Frage geantwortet, was ich machen würde, wenn mein Schiff unterginge. »Ich würde eine Woche lang weinen. Natürlich wäre das schrecklich. Aber dann würde ich weiter nach Wegen suchen, wie ich Menschen stärken und begleiten kann. Das Schiff ist ja nur die Form, die ich gewählt habe, um den Traum zu leben. Der Kern des Traumes ist ja nie nur ein einziges Ding – der Traum ist immer, dass ich das auslebe, was in mir ist – und da gibt es immer mehr als einen Weg!«

SOMMERWIND

Oder: Wie die ganze Welt sich auf meinem Schiff traf.
Und wie sich das auf die Farbe der Decken und Wände
auswirkte.

R afi, Ahmad, Hekmat, Amer, Agustina, Tim, Andrew, Elizabeth, Jonathan, Isaac… Menschen aus allen Kontinenten
und aller Herren Länder kamen vor allem im Sommer an Bord:
aus Syrien, Israel, Australien, der Ukraine und den USA, Groß-
britannien, Venezuela, Norwegen, Argentinien, der Schweiz
und allen Regionen Deutschlands. Mein Leben sollte durch das
Schiffsprojekt viel bunter und beziehungsreicher werden.

Menschen hörten irgendwie von dem Schiff und kamen, um
zu helfen. So wie eine Gruppe aus Kalifornien, die
mal was anderes erleben wollten. Um die Arbeits-
kleidung der ganzen Mannschaft zu waschen,
brachten sie mir gleich eine ganze Waschmaschine
mit. Nicht im Flugzeug natürlich, sondern von einem Berliner Elektrohändler.

Bunt ist meine
Lieblingsfarbe.
Walter Gropius

Ich durfte mir mein Wunschstück sogar aussuchen – natürlich groß und ökologisch A+++. Da ich die Marotte habe, meinen technischen Mitbewohnern Namen zu geben, haben wir sie
zu Ehren der Kalifornier »Arnie« getauft, nach einem ehemali-
gen Gouverneur, der in seinen jungen Jahren mal echt stark war.
Das passt gut, weil mein Staubsauger »Mr. President« heißt –
nach Barak Obama, der angeblich auch im Haushalt hilft. Die
Spülmaschine an Bord heißt dazu passend »Michelle«.

So bunt wie meine »Mitbewohner« war auch die Truppe der Helfer. Auf einer Berliner Facebook-Seite hatte ich zum Helfen an Bord eingeladen. Noch am gleichen Tag reagierten einige junge Männer, die nach Deutschland geflüchtet waren. Sie packten voller Freude mit an und waren froh, etwas Sinnvolles tun zu können und der Eintönigkeit der Tage in einer Flüchtlingsunterkunft zu entfliehen.

Ich genoss die Vielfalt und den wechselseitigen Sprachunterricht. »Wie heißt das?« – »Schiff.« – »Ah. Sch-sch….iff!« – »Und auf Arabisch?« – »Safina.« – »Ah, Zafina.« – »Nein. Nicht Zafina, sondern Sa-fina!« – »Ah, verstanden. Und wie heißt Danke auf Farsi (Persisch)?« – »Merci.« – »Echt jetzt? Das ist ja leicht!«

Die Pförtner, die das Industriegelände bewachen, vor dem mein Schiff liegt, waren anfangs etwas irritiert von der bunten Schar an Menschen, die zu mir wollte. Im Lauf der Zeit merkten sie: »Die Leute, die zu Kerstin wollen, sind alle in Ordnung!«

Die Sicherheitsleute wunderten sich nicht mehr, wenn ein paar junge Männer mit Dreadlocks von der Bordkante des Schiffes aus Saltos ins Wasser machten, um sich zu erfrischen. Oder wenn am Abend nach Sonnenuntergang eine internationale Gruppe an Deck grillte und chillte. Oft waren Menschen aus einem halben Dutzend Nationen am improvisierten Tisch und den oft ebenso spontan kreierten Mahlzeiten an Deck versammelt. Die Tischplatte ging später über Bord, als ein Helfer sie im Winter zu kraftvoll von Eis befreien wollte. Aber das ist eine andere Geschichte.

Offenheit für Neues und für Menschen aus allen Ecken der Welt, Improvisation und Humor waren die wesentlichen Zutaten, die dieses herrlich bunte Gemisch zusammenhielten. Natürlich ging einiges schief – Pinsel wurden irgendwo liegen gelassen oder nicht richtig ausgewaschen, Dinge wurden falsch gemacht. Aber was war das im Vergleich dazu, dass Menschen kamen, das Schiff ein Stück weiterbrachten und mich und einander nebenbei beschenkten!

Ein paar junge Männer etwa gaben Daniel, der nach Australien auswandern wollte, gute Kontakttipps. Diese neuen Kontakte sollten ihm, wie er mir später schrieb, helfen, sein Gottvertrauen, das im Lauf des Lebens irgendwo auf der Strecke geblieben war, neu zu finden.

Jeder gab, was er konnte. Ich bot das Schiff als Rahmen an, in dem vieles stattfinden konnte: Leben, Lachen, Essen, Gespräche und natürlich auch Arbeit. Der Traum wurde wahr, selbst dann schon, als das Schiff noch weit davon entfernt war, fertig zu sein.

Besonders die geflüchteten Männer waren es leid, untätig herumzusitzen, und glücklich, etwas Sinnvolles tun zu können. Ich selbst bin eher praktisch veranlagt und verbringe ungern meine Zeit damit, zu sagen, was andere tun sollten – zum Beispiel den Politikern. Dennoch hat es mich oft tieftraurig gemacht, zu sehen, dass die Politik Menschen zu monatelangem Herumsitzen verdammt, denn das kann niemandem guttun. Von daher war ich froh, wenigstens auf meine Art und Weise etwas zur Verbesserung der Situation tun zu können.

Einige der Helfer, wie zum Beispiel Ahmad, der im Lauf der Zeit zu einem echten Freund wurde, hatten sogar Fachkenntnisse, die an Bord nützlich waren. Er hatte vor seiner Flucht lange Jahre eine Autowerkstatt geleitet und war glücklich, wieder mit Metall arbeiten zu können. Er liebt das einfach.

Er schweißte mir einen sicheren Zugang zum Schiff, eine Art Mini-Zugbrücke, die uns das mühsame Klettern über die Reling ersparte. Als ich einmal verreist war und eine Tonne Pellets, die im Weg stand, dringend weggeräumt werden musste, fuhr er nach seinem Praktikum zum Schiff und schleppte die Tonne Pellets in Säcken eigenhändig an Bord. Ich wiederum unterstützte ihn bei Behördenkram und Fragen zum Umgang mit den Menschen hier.

Er war es auch, der mir 2015 davon erzählte, dass ihm vor Ramadan graute, weil die jährlich wechselnde Fastenzeit ausgerechnet auf die längsten Tage des Jahres fiel. Das bedeutete, 19 Stunden ohne Essen und Trinken auskommen zu müssen. Mir war klar, dass das gerade in den überfüllten Flüchtlingsunterkünften zu gesundheitlichen Schwierigkeiten bei Einzelnen, zu praktischen Problemen bei der Versorgung der Fastenden, aber auch zu Spannungen zwischen praktizierenden und nichtpraktizierenden Moslems und Geflüchteten anderer Religionen führen könnte.

Gemeinsam mit meinen geflüchteten Freunden und einigen Sozialarbeitern entwickelte ich einen Leitfaden für einen friedlichen Ramadan, der in vielen Unterkünften eingesetzt wurde. Aus den Begegnungen an Bord entstand Segen für Menschen weit darüber hinaus.

Ein anderer junger Mann war Rafi aus Gaza. Gemeinsam mit einem norwegischen Ehepaar, die mich auch über Facebook entdeckt hatten, kratzte er komplett den alten Lack vom Steuerhaus. Die zehn bis 60 Jahre alte Farbe saß in unterschiedlichen Dicken und Nuancen auf dem Stahl oder Alu. Damit die neue Farbe gut halten konnte, musste der alte Lack ab. Rafi kämpfte mit der Angst, die ihm durch die Kriegserlebnisse noch in den Knochen saß. Dazu kam der tiefe Frust, als geduldeter Flüchtling nicht arbeiten zu dürfen. Das stürzte ihn fast in Depressionen. So gut ich konnte, half ich ihm.

Er wiederum gab das, was er in Deutschland an Konzepten und Ideen kennengelernt hatte, an seine Familie in Gaza weiter. Ihn faszinierten Community-Projekte wie Nachbarschaftsgärten. Er erzählte seinem Vater davon und ermutigte ihn, so einen Garten für die Nachbarschaft in Gaza anzulegen. Das Projekt scheiterte zweimal, weil die jüngeren Kinder dort es nicht beigebracht bekommen hatten, auf Pflanzen zu achten. Im dicht besiedelten Gaza gab es auch nur wenig florale Ausschmückung.

Schließlich übernahmen alle Nachbarn zusammen die Verantwortung für das kleine Projekt, sie trafen sich oft im Garten, und neue, tiefere Verbundenheit entstand. Am Ende kam sogar der japanische Botschafter der Region zu Besuch, um sich dieses hoffnungsvolle Projekt anzusehen. Ein Ideen-Same aus Deutschland hatte in Gaza Wurzeln geschlagen. Rafi zeigte mir stolz ein Foto vom Besuch des Botschafters, das sein Vater ihm geschickt hatte.

Als ich im nächsten Frühjahr meinen Geburtstag feierte, kam Rafi nicht allein, sondern brachte seine rumänische Freundin und eine ganze Band mit – er wusste, dass ich Musik liebe, und wollte mir eine Freude machen. Als ich der Musik lauschte und den riesigen Vollmond genoss, der gerade aufging, hörte ich, wie ihn ein anderer Gast über seine Verbindung zu mir ausfragte.

»Kerstin hat mich in der Phase, als ich nicht mehr weiterwusste, zu einem Event der Kiron University für Geflüchtete mitgenommen und mich Katharina vorgestellt, die für soziale

Projekte und Kommunikation zuständig war. Von Katharina habe ich extrem viel gelernt und festgestellt, dass soziale Projekte managen genau mein Ding ist. Ohne Kerstin hätte ich das nie entdeckt, sie wird immer ein besonderer Mensch für mich sein.«

Der Vollmond verschwamm vor meinen Augen. Ich hatte gar nicht geahnt, dass dieser Abend für ihn so lebensverändernd werden sollte. Ich fand es einfach nur spannend, diese tolle Uni kennenzulernen – außerdem war es eine Erleichterung, dass er mich und eine Freundin begleitete und sich vor uns stellte, als ein betrunkener Mann uns an der U-Bahn anpöbelte.

Charles Dickens sagte: »Kleinigkeiten machen die Summe des Lebens aus.« Ich stimme ihm zu. Es sind oft gar nicht unsere großen Projekte, sondern eher die kleinen Begegnungen und Handlungen, die wir tun, die Menschen bewegen und verändern.

Zu der Zeit, als die Helfer aus allen Nationen an Bord kamen, waren viele Wände und Decken im Schiff noch nicht verkleidet. Ich erlebte das tiefe Schwarz der Isolierung als eher deprimierend. Also besorgte ich mir bunte Kreide und bat alle Helfer und Gäste, mir einen guten Wunsch oder Segen auf die Isolierung zu schreiben. Die Mischung der Sprüche war ebenso bunt wie die Menschen selbst. Da stand »Apfelsaft gibt Pokerkraft« neben »Sei stark und mutig«, »Liebe ist vielfältig«, »Brexit is a lie«, der Spruch einer frustrierten jungen Engländerin, daneben »Gott segne dich und das Schiff!«. Und viele weitere Segenswünsche, die ich nicht lesen konnte, weil sie in Farsi, Pashtu oder Arabisch geschrieben waren.

Am meisten liebte ich zwei Worte unter den Treppen direkt am Eingang des Schiffes. Dort hatte mir eine junge Frau aus Israel »Schalom« notiert, direkt darunter hatte Rafi »Salam«, den arabischen Friedenswunsch, geschrieben. Menschen, die aus Regionen kamen, die nicht für ein friedliches Miteinander bekannt sind, kamen sich an Bord näher – auch das war ein Traum, der wahr wurde.

WEITE UND GRENZEN

Oder: Wie man bei den vielen Menschen den Überblick verliert. Und wie man weiche und harte Grenzen setzen lernt, um Kraft zu behalten.

Ein Freund ist jemand, der mir im Lauf der Zeit vertraut geworden ist und mit dem ich freiwillig gern Zeit verbringe. So definiere ich Freundschaft. Der erste Teil ist klar – freiwillig heißt für mich, nicht abhängig von einem äußeren Rahmen – etwa der Arbeitsstelle, des Ehrenamtes oder auch des Schiffsbaus. Hier das richtige Maß zu finden war stellenweise ganz schön herausfordernd. Es ist mir mehrfach passiert, dass Menschen hofften, über das gemeinsame Arbeiten am Schiff hinaus Freundschaftszeit mit mir zu verbringen.

Ich schäme mich nicht, ein Mann zu sein und Prinzipien und Glauben zu haben. Aber wohin will ich Menschen bringen – vor allem mich selbst? Zum offenen Meer.
Vincent van Gogh

Das sprengte meine zeitlichen und emotionalen Kapazitäten. Zum einen, weil über die Zeit verteilt insgesamt etwa 200 Menschen zum Helfen kamen. Aber selbst wenn ich nur die zehn bis 15 Menschen zählen würde, die relativ regelmäßig an Bord waren: Meine Zeit war durch den Schiffsbau begrenzt, und ich war ja »nebenbei« voll berufstätig.

Darüber hinaus hätte neuen Menschen Zeit und Raum zu geben bedeutet, weniger Zeit für meine bisherigen Freunde zu haben. Ich bin in Freundschaften ziemlich stetig – wenn jemand erst einmal ein echter Freund geworden ist, bleibt er es meist für immer.

In einem Land auf der arabischen Halbinsel habe ich einmal Gärtner beobachtet, die neue Blumen pflanzten. Jemand erklärte mir: »Blumen halten in dem Wüstenklima hier nicht lange – die werden alle sechs Wochen neu gepflanzt.« Manche Menschen wechseln Freundschaften auf ähnliche Weise – wenn eine Freundschaft verblüht ist, kommt einfach eine neue an ihren Platz. Ein solches Vorgehen ist mir eher fremd. Ich genieße es, dass meine engsten Freunde mich und mein Leben seit Jahrzehnten kennen. Meine drei ältesten Freundschaften pflege ich, seit ich 13 Jahre alt bin, und sie blühen und gedeihen noch immer.

Die meisten Helfer an Bord hatten volles Verständnis dafür, dass ich über das gemeinsame Werkeln hinaus keine zusätzlichen Kapazitäten für Beziehungspflege hatte. Sie genossen die Zeit, die wir beim Arbeiten und Essen miteinander verbringen konnten, und auch die oft tiefen Gespräche und natürlich den vielen Spaß. Für andere war es schmerzhaft, realisieren zu müssen, dass ich ihnen darüber hinaus keine zusätzliche Zeit schenken konnte und wollte.

Für mich blieb es eine Herausforderung, klar zu kommunizieren, aber auch mit den ausgesprochenen und unausgesprochenen Hoffnungen der Helfer klarzukommen und mich nicht schlecht zu fühlen, wenn ich ihre Erwartungen enttäuschen musste. Es waren ja ihre Erwartungen – keine Zusagen meinerseits. Immer wieder sagte ich mir: »Nur in meinen Grenzen finde ich Frieden.« Meine Grenzen sind nun mal da, wo sie sind.

Die andere Gruppe von Menschen, die stellenweise herausfordernd war, waren diejenigen, welche ihre Zeit an Bord für tiefe Coaching- und Seelsorgegespräche nutzen wollten und manchmal wenig Sensibilität dafür hatten, was gerade passend war, was nicht. Wann immer es möglich war, nahm ich mir bei einer Tasse Tee oder Kaffee Zeit für ein Gespräch, einen Rat, ein Gebet.

Doch die Offenheit stieß immer wieder an Grenzen. Ich bin ein durchaus flexibler Mensch, doch es gelingt mir nicht sonderlich gut, mich in den Liebeskummer einer anderen Person einzufühlen, wenn ich gerade damit beschäftigt bin, kopfüber faustdicke Klumpen Rost aus der Bilge, dem Unterbauch des Schiffes, zu kratzen. Ich vermute, dass dies ein typisches Problem beratender Berufe ist. Sicher gibt es auch Menschen, die unsensibel genug sind, einem Zahnarzt auf einer Gartenparty einen Abszess im Mund zu zeigen. Doch ich schätze, das ist eher selten.

Coaches und Beratern hingegen passiert es jedoch öfter, dass Menschen, kaum dass sie die Berufsbezeichnung hören, anfangen, ungefragt ihre tiefsten Nöte auszupacken. Manchmal, wenn Zeit und Raum war, bin ich darauf eingegangen, fand es aber meistens frustrierend, weil ich weiß, dass ich beim normalen Zuhören nur halb so effektiv bin, wie wenn ich richtig fokussiert coache. Um noch mal das Beispiel mit dem Zahnarzt zu bemühen – der wäre mit Messer und Gabel vom Grillen bei medizinischen Problemen sicher nicht so effizient und hilfreich wie in den eigenen Räumen mit den entsprechenden Werkzeugen. Deshalb habe ich gelegentlich Gespräche, bei denen es um ernsthafte Probleme ging, abgebrochen und habe, wenn ich die Kapazitäten hatte, einen richtigen Coaching-Termin angeboten – als Dankeschön meinerseits für die Hilfe.

Und dann waren da noch die Männer. Schon bald nach Beginn des Schiffsprojektes stellte ich fest: Eine Frau mit Schiff ist offensichtlich für Männer interessanter als eine ohne. Zumindest verliebten sich in den Jahren des Schiffsbaus weit mehr Männer in mich als zuvor.

Das ist auch verständlich. Wenn man miteinander arbeitet, erlebt man – neben etwas Frust – viele gemeinsame Erfolge: »Wieder etwas geschafft!« Freude zu teilen verbindet Menschen sehr intensiv miteinander – und da ist die Grenze zum Verliebtsein oft nicht mehr weit.

Viele Frauen glauben, dass sie Nähe zum Partner am besten herstellen, indem sie über Probleme reden. Schwieriges zu teilen verbindet Menschen tatsächlich, aber mal ehrlich: Wer will schon gern mit jemandem zusammen sein, der dauernd über Probleme redet? Ich würde das nicht so richtig prickelnd finden, auch wenn ich die Tendenz, erst einmal über das zu sprechen, was gerade schwierig ist, auch von mir selbst kenne.

Wissenschaftliche Untersuchungen, unter anderem von John Gottman, haben ergeben, dass Partnerschaften länger halten, wenn Partner es konnten oder gelernt haben, dem anderen gegenüber positive Gefühle auszudrücken – am stärksten Freude. Freude verbindet stärker als alles andere.

Auf dem Schiff gab es dauernd Grund zur Freude und zum Jubel. Kein Wunder also, dass Menschen – Männer wie Frauen – von mir angezogen waren. Bei jedem Arbeitseinsatz freute ich mich über die kleinen und großen Erfolge. Hier war eine Wand fertig gestrichen, dort waren Löcher gut gespachtelt worden, und an weiteren Stellen leuchtete jetzt Licht.

Da fast alle Männer, die sich in der Zeit in mich verliebten, verheiratet waren, war es für mich nicht denkbar, dem mehr

Raum zu geben. In einigen Fällen bedeutete das Kontaktabbruch. In anderen Beziehungen gelang es glücklicherweise, die inmitten der Begeisterung hochgeschossenen Gefühle auf ein angenehmes Maß von Wertschätzung und Wärme abzusenken. So konnte der Kontakt bestehen bleiben.

Um Freude und Erfolgserlebnisse zu haben, die stark miteinander verbinden, muss man kein Schiff bauen – auch wenn so ein Schiffsbau durchaus effektiv ist. Doch fast allen Paaren, die ich kenne, rate ich, Raum für geteilte Freude zu schaffen. Ich empfehle ihnen, regelrecht zu trainieren, sich mit dem anderen mitzufreuen – selbst wenn die Freude des anderen durch etwas ausgelöst wird, was einen selbst nicht vom Hocker reißt. Ich sage nur Fußball und neue Schuhe. Man kann sich – ohne Heuchelei – darin üben, zu sagen: »Wow! Du freust dich, dass deine Mannschaft gewonnen hat.« Oder: »Du bist glücklich über die neuen Schuhe!«

Leicht finde ich es noch immer nicht, die Erwartungen von Menschen – egal ob Männer oder Frauen – zu enttäuschen. Doch die Zusammenarbeit mit den vielen Menschen an Bord hat mich auf jeden Fall stark darin trainiert, klar und deutlich, aber dennoch warm zu kommunizieren: »Das will ich jetzt nicht.«

Zu ein paar wenigen Helfern an Bord ist – fast ohne dass ich es gemerkt habe – eine Freundschaft gewachsen, als wir nach der Arbeit noch lange am Grill zusammensaßen und über persönliche Themen sprachen. Mit mehreren meiner geflüchteten Freunde verbringe ich ab und an auch privat Zeit. Nicht sehr oft – sie studieren oder arbeiten jetzt. Aber gelegentlich grillen wir an Bord, oder sie laden mich zum Essen bei sich ein.

Auch Martin und seine Frau Sabine sind durch den Schiffsbau in mein Leben geplumpst. Martin kam irgendwann mal
an Bord und gewann sofort das Wohlwollen von Bootsbauer
Helge, weil er mit Werkzeug richtig gut umgehen konnte. Die
Gespräche in den Arbeitspausen gewannen an Tiefe, und ab
und zu trafen wir uns zum Essen und Reden.

Später erzählte er mir, dass er, als er das erste Mal an Bord
meines Schiffes kam, zutiefst erschrocken war. Er neigte damals weit mehr als heute dazu, die Dinge eher schwarzzuse-
hen, und seine Perspektive damals war tiefschwarz: »Das wird
nie fertig!«, dachte er.

Doch er entschied sich, trotzdem zu helfen, und sagte sich:
»Ich unterstütze Menschen gern, also mache ich das. Der Rest
ist nicht meine Verantwortung.« Er wusste, wo die Grenzen
seiner Verantwortung lagen.

Mich hat das berührt: Da unterstützt mich jemand, obwohl
er noch nicht einmal an meine Vision glaubt. Und ich habe
ihn dann im Lauf der Zeit damit überrascht, dass ich es mit
seiner Hilfe und der von vielen anderen doch geschafft habe.
Er hat sich mit mir gefreut – ein echter Freund eben.

BLÜTENWIND

Oder: Wie sich Schönheit zeigt und was Schwäne und
Schaufensterpuppen damit zu tun haben.

Zum Abschied eines Sommerkurses 1983 schenkte mir Jen
aus England eine Karte mit der Aufschrift »Never loose
the opportunity to see something beautiful – for beauty is
God's handwriting!«. Zu Deutsch: »Ver-
passe nie eine Gelegenheit, etwas Schönes zu sehen, denn Schönheit ist Gottes
Handschrift.«

Verpasse nie eine
Gelegenheit, etwas
Schönes zu sehen,
denn Schönheit ist Gottes
Handschrift.

Mittlerweile ist die 30 Jahre alte Karte
mit der Möwe, die sich vor blauem Himmel in die Luft schwingt, nicht mehr
schön, sie hat Knicke, und die Ecken sind

Verfasser unbekannt

zerfranst. Die Botschaft ist mir jedoch tief ins Herz gesunken.
Ich erlebe und ergänze den Satz für mich heute so: »Schönheit
berührt mein Herz wie kaum etwas anderes.«

Diese tiefe Wahrheit hatte ich schon vor Jahren entdeckt.
Dennoch war ich überrascht, in welcher Tiefe mich die Schönheit des Wassers und der Weite berührt. Mein Liegeplatz befindet sich an einer Stelle, an der die Spree sehr breit ist. Im Rücken meines Schiffes liegt ein historisches, seit dem Fall der
Mauer nicht mehr gepflegtes Industriegebiet.

Es ist supercool und spannend, wirkt aber so wenig attraktiv, dass mein Bruder mir riet: »Wenn unsere Mutter dich mal
besuchen kommt, musst du ihr auf den letzten 100 Metern die

Augen verbinden!« Drei Tage bevor sie dann tatsächlich kam, bekam ich einen meterhohen Lavendelbusch geschenkt, den ich in meinen Vorgarten gepflanzt habe – ein vernachlässigtes Stück Wiese, auf dem sich Gestrüpp und Dornen breitmachen. Meine Mutter war von dem riesigen Lavendel ebenso begeistert wie ich. Und ich war dankbar, dass die schöne Pflanze die Aufmerksamkeit auf sich zog.

Man ist ja nicht verpflichtet, auf die eher hässliche Landseite zu sehen. Nach vorne hin zum Wasser ist es einfach traumhaft. So schön, dass ich es manchmal nicht fassen kann, es täglich sehen zu dürfen. Je weiter der Bau voranschritt, umso öfter übernachtete ich an Bord und genoss besonders die klaren Morgenstunden, wenn die meisten anderen Menschen noch nicht erwacht waren, nur ein paar Transportschiffe vorbeikamen, aber die Vögel sich bereits durch die Lüfte schwangen.

Ich hätte nie gedacht, wie sehr die Schönheit der Vögel mich berühren würde. Es gibt die Landvögel – die Nachtigall, die sich abends auf einen alten Kran setzt und herrlich singt. Natürlich Tauben, Meisen und manchmal Rotkehlchen. Als ich eines Tages Wein pflanzte, setzte sich ein kleines Rotkehlchen keine Armlänge von mir entfernt hin und schaute mir beim Graben zu. Dann verspeiste es einen Regenwurm, den es aus der von mir aufgelockerten Erde geholt hatte, und kackte ungeniert. Vielleicht wollte es als Dankeschön für den Wurm auch nur meinen Wein düngen.

Die Wasservögel haben natürlich ihren besonderen Charme. Da sind die Enten, die manchmal um Energie zu sparen nicht schwimmen, sondern sich von einer Eisscholle oder einem Ast tragen lassen – vor meinem Umzug an Bord hatte ich nicht geahnt, dass Enten manchmal perAnhalter fahren.

Ab und zu sind auch die schwarzen, eleganten Kormorane mit ihren schlanken Hälsen zu sehen, die nach Fischen tauchen und dabei lange Strecken unter Wasser zurücklegen. Dann legen sie aber fehlende Tischmanieren an den Tag – der Fisch wird in einem Stück heruntergeschlungen.

Außerdem mag ich Blesshühner, die immer etwas tollpatschig aussehen. Sie wirken auch als ausgewachsene Vögel wie Säuglinge, die gerade laufen lernen – und die Art, wie sie ins Wasser tauchen, bringt mich jedes Mal zum Lachen.

Die knubbeligen schwarzen Vögel mit der weißen Blässe an der Stirn können auch mit ä geschrieben werden. Ich mag die Schreibweise mit e lieber, weil »to bless« auf Englisch »segnen« heißt, und Segen kann man ja bekanntlich nie genug haben.

Als ich den Jahresbeginn 2016 an Bord meines Schiffes feierte, schwamm um Mitternacht – wohl erschreckt von den Böllern – ein Schwarm Blesshühner direkt auf mein Schiff zu. Wir zählten über 100 – ein Haufen Segen!

Doch am meisten liebe ich die majestätischen Schwäne. Gerade während ich schreibe, kommt mein Nachbar, Herr Schwan, vorbei und gleitet über das Wasser. Er stellt die Flügel hoch, und die Morgensonne scheint hindurch. Auf einer Postkarte würde das vielleicht kitschig wirken. Im realen Leben ist es einfach nur wunderschön.

Ich habe es mir, seit ich auf dem Schiff wohne, zur Gewohnheit gemacht, Tiere zu beobachten, wann immer ich sie sehe oder höre. Ich finde es sehr praktisch, dass fliegende Schwäne und Enten mit lautem Geschnatter auf sich aufmerksam machen – so verpasse ich sie nicht. Ich stehe dann stets vom Schreibtisch auf und schaue ihnen zu. So viel Zeit muss sein.

Ab und zu kommen sie sogar zum Frühstück zu mir – sie naschen die Muscheln, die sich am Kiel des Schiffes festgesetzt haben. Da die Wallschiene – eine Art breiter Abstandhalter am Schiff – mir dann den Blick versperrt, kann man nur das »klack-klack« der mit den Schnäbeln aufgeknackten Muscheln hören. Gelegentlich passiert das auch als Mitternachtssnack – ich warne Gäste oft vor, dass die kratzenden Geräusche, die sie nachts an der Bordwand hören, nur von hungrigen Schwänen kommen.

Gänsegeier, Kormorane, Blesshühner, Möwen, Schwäne, Tauben, Enten, Raben – mich berührt das Betrachten der Vögel so sehr, dass ich Gott gebeten habe, gern noch mehr Vögel zu mir zu schicken. Dass zwei Tage nach dem Gebet ein Schwanenpaar ein Nest für sich und ihre Nachkommen direkt neben meinem Nachbarschiff bauen würde, war mehr, als ich erwartet hatte. Ich kann ihnen stundenlang zusehen – was für ein Geschenk!

Durch die Betrachtung der Natur und besonders der Vögel tanke ich meine Seele mit Schönheit voll. Andere Menschen tun das nicht unbedingt. Manchmal frage ich mich, ob Menschen ihr Leben deshalb nicht schön finden, weil sie die ganze Schönheit, die sie umgibt, nicht oder nur oberflächlich betrachten.

Als an einem Nachmittag im Jahr 2017 Herr und Frau Schwan mit fünf brötchengroßen Jungschwänen auf mein Schiff zugeschwommen kamen, rannte ich sofort nach draußen. Ich genoss es zu beobachten, wie sie sich an herunterhängenden Pflanzen satt fraßen.

Eine Gruppe von Ausflüglern auf Flößen sah die gleiche berührend schöne Schwanenfamilie wie ich. Sie machten ein paar kurze Bilder mit dem Handy und wandten sich dann wieder von der Szene ab. Schönheit berührt die Seele – doch nur, wenn man sich auf sie einlässt.

Manchmal unterstützen mich die majestätischen Vögel sogar im Coaching. Ein Coaching-Gast, eine Frau, hatte das Thema bearbeitet, dass sie sich von ihren Eltern oft nicht geschützt gefühlt hatte. In ihrer Familie selbst gab es keine Gewalt, doch um sie herum sehr viel. Wir bearbeiteten den Stress, den das bei ihr ausgelöst hat. Sie sagte: »Ich brauche jetzt aber irgendwie ein anderes Bild einer Familie, wie sie wirklich sein soll!«

Genau in diesem Moment sah ich, dass – wie gerufen – meine Schwanenfamilie angeschwommen kam: die Eltern vorne und hinten, die Kinder geschützt in der Mitte. Wir rannten nach draußen und nahmen uns ausgiebig Zeit, damit sie dieses Bild der schützenden Eltern und geborgenen Jungtiere betrachten und in ihr Herz und ihre Seele aufnehmen konnte. Ich unterstützte sie mit einer Coaching-Technik dabei, es noch tiefer zu verankern. Und nebenbei berührte es auch mich zutiefst – auch die Schönheit von Beziehungen ist Gottes Handschrift.

Schönheit wollte ich auch in der Gestaltung des Schiffes zum Ausdruck bringen – durch Farben und Formen, aber auch durch gute Funktionalität. Ich mag es schlicht und klar, aber humorvoll aufgepeppt durch das eine oder andere originelle Accessoire. Handwerklich bin ich nicht sonderlich begabt, aber ab und zu habe ich kreative Ideen, wie man gebrauchte Gegenstände sinnvoll einsetzen kann. Das fängt schon draußen an. Zwei Schaufensterpuppen begrüßen die Gäste, Hugo (benannt nach dem Modedesigner, bei dem ich ihn abgestaubt hatte) an Land, Herta als Rettungsringhalterin an Deck. Weniger Glück hatte der arme Ikarus. Von ihm sind nur zwei Beine übrig geblieben. Er ist jetzt aber am Steg befestigt und verhindert so, dass Menschen womöglich abstürzen und ins Wasser fallen.

In der Toilette mit dem Weltklasse-Panoramablick auf Wasser und Weite dient ein alter Puppenarm aus Holz jetzt als Halter für das Toilettenpapier. Er wird beleuchtet von einer Lampe, die wir in einer alten Kaffeemühle untergebracht haben. Auch der Flur hat eine besondere Deckenleuchte: die Kuchenform, in der meine Oma Hunderte ihrer leckeren Rotwein-Schokoladenkuchen gebacken hat – für mich eine kostbare Erinnerung.

Besonders schön ist es, wenn Künstler auf ihre Art Schönheit zum Ausdruck bringen. Hanna Stoney, eine befreundete Künstlerin aus England, kam für ein paar Tage und gestaltete eine Wand in der Toilette mit zwei Meter hohen teils naturalistisch, teils abstrakt gemalten Wasserlilien.

Ein großes Logo in Form einer Toilettenrolle hilft zu erkennen, wo der gesuchte Raum sich befindet. Die Beschilderung der Räume hat eine Designstudentin aus der nahe gelegenen Hochschule entworfen. Sie musste im Rahmen eines Kurses die Gestaltung für ein Projekt entwickeln und wählte dafür mein Schiff aus.

Außerdem hatte ich den Traum, das Kopfende meines Schlafraums mit Goldfarbe zu streichen. Ich stellte mir das wunderschön vor, wenn es von der Morgensonne beleuchtet werden würde. Meine Idee war es, billige Goldfarbe auf Holz zu sprühen. Es kam besser.

Olivia, eine Schweizer Künstlerin, kam zu Besuch. In einer schwierigen Phase ihres Lebens hatte ich sie dabei unterstützt, Klarheit in ihrer Identität als Christin und Künstlerin zu finden – durch Gespräche und ein Buch, das ich in meinem Verlag veröffentlicht habe (Steve Turner: Imagine. Christen in Kunst, Musik und Medien. Down to Earth, 2004).

Olivia wollte sich mit Kunst für die Unterstützung bedanken, die ich ihr zehn Jahre zuvor geschenkt hatte. »Ich würde gern etwas an deinem Schiff für dich gestalten. Übrigens: Ich habe Blattgold mitgebracht, das ich von einem anderen Auftrag übrig hatte. Das könnte ich verwenden!« So bekam ich eine Wand aus Blattgold, die wunderbar die Morgensonne reflektiert. Manchmal erntet man, was man gesät hat. In diesem Fall direkt in Gold.

Das Leben ist voll von ungewöhnlichen Kombinationen. Jeden Monat blieb es eine spannende Frage, ob ich überhaupt die erforderlichen Baukosten aufbringen könnte. Aber ich schlief unter einer Wand aus Gold.

BALLAST ABWERFEN

Oder: Warum es heilsam ist, sein Hab und Gut zu reduzieren. Und wie man die Kunst des einfachen Lebens übt.

N ach gut drei Jahren war der Umbau des Schiffes so weit fortgeschritten, dass Besucher, die zum ersten Mal an Bord waren, kommentierten: »Ich kann mir schon richtig vorstellen, wie das mal werden soll, wenn es fertig ist.« Wenn ich das hörte, habe ich innerlich geschmunzelt, aber aus Gründen des Taktes nicht gesagt, was ich dachte: »Es ist keine große Kunst, sich das Endergebnis vorzustellen, wenn man zu drei Viertel fertig ist.« Für manche ist das vielleicht selbst in diesem Stadium noch eine Leistung. Aber ich bin ja auch Visionärin – mir fällt das Vorstellen selbst dann leicht, wenn noch fast nichts zu sehen ist.

Das einfache Leben ist eine schwierige Angelegenheit.

William Cowper

Auch wenn noch nicht klar war, wann ich tatsächlich mit Sack und Pack umziehen würde, entschied ich mich, meinen Besitz vorher gründlich zu reduzieren. Durch die schrägen Wände und vielen Fenster im Wohnzimmer und Seminarraum war der Stauraum eher begrenzt. Wir hatten zwar unser Bestes gegeben, um Regale und Ablagen einzubauen, aber das hatte natürlich seine Grenzen.

Es war klar, dass ich nicht alles, was ich besaß, auf dem Schiff unterbringen konnte. Noch klarer war mir, dass ich es nicht wollte. Ich wollte weniger unnötigen Kram haben, der meine Schränke und mein Leben verstopfte und dazu führte, dass ich den Überblick verlor. Es ist mir schon passiert, dass ich mir einen roséfarbenen Pullover kaufte und zu Hause feststellte, dass ich bereits einen in der gleichen Farbe besaß. Einer genügt vollauf. Und wie ich in den Besitz von 35 Paar Socken kam, bleibt mir ein Rätsel.

Ob ich mein Ziel erreicht habe, meinen Haushalt um ein Drittel zu reduzieren, weiß ich nicht. Ich tat zumindest, was ich konnte. An meinem Geburtstag gab es aus meiner Haushaltsreduktion einen Verschenke-Tisch für Gäste – jeder durfte sich bedienen. Darüber hinaus lud ich auf Facebook zu Verschenke-Partys ein. Da kamen 30 Studenten und geflüchtete Menschen in meine Wohnung. Sie waren dankbar für meine Kleidung, Tassen, Töpfe, Blumenvasen, Aktenordner, Bilderrahmen, Dekorationsgegenstände und Geschirr.

Einige davon hatten den Wunsch, mir etwas zurückzugeben. Hiba nahm mich zu faszinierenden arabischen Konzerten mit, Ahmad fragte bei der Verschenke-Party, ob er mir etwas helfen könnte, und reparierte sofort geschickt zwei Möbelstücke, und Agustina wurde zu meiner Mama-Mia-Freundin, die mit ihrem argentinischen Temperament Leben an Bord brachte. Sie spricht eigentlich Spanisch, doch gelegentlich kommunizierten wir in einer wilden Mischung aus Englisch, Deutsch, Spanisch und etwas Italienisch. Mama Mia, bene!

Bücher verkaufte ich online oder stellte sie in die Bücher-Tausch-Telefonzelle, die sich in der Nähe meiner Wohnung befindet. Ein Verein konnte meine Büroeinrichtung gebrauchen, und Freunde von mir, die in meine alte Wohnung zogen, behielten einige Möbel, die an den schiefen Wänden des Schiffes nicht aufstellbar waren. Es gibt an Bord nur ein einziges gekauftes Regal aus dem großen schwedischen Möbelhaus, einen Couchtisch und zwei Sofas. Alles andere musste maßgeschneidert angefertigt werden: Küchenmöbel, Betten, Schränke und mehr.

In meiner früheren Wohnung hatte ich über 20 Jahre gelebt und gearbeitet, sowohl mein Büro als auch Coaching-Raum waren dort beheimatet. Auch wenn ich kein Jäger-und-Sammler-Typ bin, hatte sich doch vieles angesammelt. Vermutlich besaß ich weniger Kram als andere Menschen, dennoch war es immer noch sehr viel.

Aussortieren kostet Kraft. Das liegt weniger an der Arbeit selbst als am Gehirn. Das Gehirn findet nichts so anstrengend wie das Treffen von Entscheidungen, weil bei einer Entscheidung blitzschnell und intensiv Tausende von Fakten berücksichtigt werden müssen. Das ist mentale Höchstleistung, und dabei verbraucht der Denkapparat sehr viel vom Energiespender Glukose – die fehlt dann im Rest des Körpers.

Ich wusste: Nach nur 15 Entscheidungsprozessen ist das Gehirn platt und braucht Erholung. Wenn man weiterpowert – weil der Berg nun mal so hoch ist –, ist man irgendwann total erschöpft.

Ich versuchte, Vorhandenes zu nutzen und Neukäufe von Kleidung, Putzmitteln, Gewürzen und vielem mehr zu vermeiden. Außerdem verbrachte ich ein ganzes Jahr lang fast jeden Tag eine gute Viertelstunde damit, ein bisschen zu sortieren, zu verschenken und zu verkaufen.

Ich habe in der Regel pro Tag 20 bis 50 Dinge durchgesehen und entschieden, was davon nicht mit aufs Schiff darf. Ich wusste: Ein Durchschnittshaushalt besitzt ca. 10 000 Dinge. In 200 Tagen würde ich bei 50 Stück pro Tag ca. 10 000 Dinge durchsortiert haben.

Die Rechnung sollte nicht ganz aufgehen. Ich hatte nicht berücksichtigt, dass ich an Bord in den vier Jahren der Arbeit quasi einen zweiten Haushalt aufgebaut hatte. Dort gab es auch Kleidung, Geschirr, Putzmittel, Werkzeug, Lebensmittel, Kochutensilien. Das führte dazu, dass ich nach dem Umzug vieles doppelt hatte und noch einmal reduzieren musste. Mich motivieren Listen, auf denen ich meinen Erfolg erkennen kann. In den drei Monaten nach meinem Einzug sind noch einmal 600 Gegenstände verbraucht, verschenkt oder weggeworfen worden – säuberlich auf einer Liste dokumentiert.

Als sich ein Jahr nach dem Einzug die Bauphase wirklich dem Ende zuneigte, war es mir an Bord noch immer zu voll für meinen Wunsch nach leichtem Leben. Also wurde ich noch radikaler. Ich nahm mir vor, in drei Monaten meinen Schiffshaushalt um 2000 Gegenstände zu reduzieren. Die »Opfer« reichten von doppeltem Werkzeug, Kerzen, Luftpostumschlägen aus meiner Jugendzeit bis hin zu ungenutzten Sportgeräten.

Die zweite Minimalismus-Herausforderung: Bei der Reduktion meiner Wohnung hatte ich das Büro, das sich darin befand, unterschätzt. Obwohl es nur drei mal drei Meter groß war, waren raumhohe Regale bis oben hin mit Aktenordnern und Unterlagen gefüllt. Die passten nach dem Umzug nicht in mein Mini-Büro am Schiff, das gerade mal 1,80 mal 1,50 Meter Grundfläche hat und nur einen Meter Regalhöhe bietet, bevor die Fenster beginnen. Das einzige Regal bietet Raum für nur 16 Aktenordner. Wie wenig Platz das tatsächlich war, stellte ich erst nach dem Umzug fest. Da habe ich dann jeden Tag nach Feierabend eine Stunde damit verbracht, den Inhalt von zwei Aktenordnern auf einen zusammenzuschrumpfen. Jetzt passt alles in den Mini-Raum. Ich genieße es, ein superschlankes Büro zu haben, in dem ich nicht groß suchen muss, weil nur das da ist, was ich tatsächlich brauche. Ich konnte dort sogar mein Laufband unterbringen, auf dem ich – in Geh-Geschwindigkeit – Texte schreibe, um nicht immer am Schreibtisch sitzen zu müssen. Das tut mir gut.

Ich liebe es, Dinge schrittweise zu tun, und so kam es mir sehr entgegen, dass zwei Frauen mir unabhängig voneinander angeboten hatten, in den sechs Wochen vor dem Umzug pro Woche einmal einen Kofferraum voll Sachen an Bord zu bringen – was für ein Geschenk!

Immer sonntags und mittwochs kam eine Fuhre mit Kleidung, Büchern und Haushaltsgegenständen am Schiff an und wurde dann von mir gleich eingeräumt.

Das und das Sortieren im Vorfeld hatten dazu geführt, dass der tatsächliche Umzug an Bord relativ entspannt über die Bühne ging. Am Ende reichte ein halber Transporter aus, um den Rest des Umzugs zu bewältigen. Amer, Hekmat und Mohamed – drei starke syrische Jungs – schleppten mein Sofa, einige Kisten und die etwa 100 Kilo schweren und unhandlichen Büroschränke, die ein Verein übernehmen würde, vier Stockwerke hinunter. Das ist schon unter normalen Umständen eine Herausforderung – doch mitten im Ramadan, ohne zu essen und zu trinken, noch mehr. Für mich war es ein echtes Geschenk.

Alles lief so problemlos, dass ich kaum wahrnahm, dass ich im Juni 2016 die Schwelle in ein neues Leben überschritt. Jetzt lebte ich an Bord meines Schiffes, das nach vier harten Jahren noch nicht ganz fertiggestellt war – aber doch so weit, dass ich gut darauf leben konnte. Es war wunderschön, endlich ganz an Bord zu leben. Nach einer Weile an Bord holte mich dann doch noch ein Stück unsortiertes Leben ein. In den Hängeordnern im Büro und einem kleinen Regal hinter dem Sofa waren noch einige alte Unterlagen liegen geblieben – Ideen für Beruf und persönliche Entwicklung.

»Einige« ist leicht untertrieben. Ich bin nun mal sehr kreativ und entwickle viele Ideen. Eine große Zahl meiner Ideen setze ich um. Doch oft fließen die Ideen schneller, als ich sie realisieren kann, und so hatte ich im Lauf von 18 Jahren Selbstständigkeit einen riesigen Stapel Papiere mit Ideen dazu gesammelt, was ich mal machen könnte. Sie reichten von Einrichtungsideen über Buchkonzepte bis hin zu Anregungen für meine persönliche Entwicklung und Spiritualität.

Ich entschied mich, die Papiere mit den noch nicht umgesetzten Ideen erst mal zu sichten. Ich holte alles aus dem Büro und dem Wohnzimmerregal hervor und legte es auf einen Haufen. Als ich auf den fast hüfthohen Stapel mit Ideen blickte, erschlug mich das fast. Mir kamen die Tränen, als mir bewusst wurde, dass ich Wochen brauchen würden, um das alles durchzuschauen.

Meine Strategie in solchen Fällen ist, mir zuerst einen Überblick zu verschaffen. Ich packte die Papiere auf eine Waage: Es waren 18 Kilo – etwa 10000 Blatt Papier. Die meisten hatte ich immerhin thematisch sortiert in Klarsichtordnern gesammelt. Darunter waren alleine vier Kilo Ideen für die Weiterentwicklung meiner Spiritualität. Hilfe!

Tag für Tag sortierte ich etwa 100 Gramm. Manches kam ins Archiv, anderes in den Papierkorb. Die schönsten Impulse für spirituelles Leben klebte ich thematisch sortiert in ein Notizbuch, das mich nun inspiriert. Manche Ideen für die Firma digitalisierte ich oder schrieb sie auf die To-do-Liste. Wieder anderes setzte ich direkt um.

Der Prozess war extrem anstrengend. Es war emotional eine der härtesten Aufgaben, die ich je angegangen bin. Ich hänge ja ebenso an meinen Ideen wie an der unrealistischen Fantasie, ich könnte alles umsetzen, was mir einfällt. Im Lauf der Zeit wurde mir klar: Ideen sind wie Männer. Ich kann viele faszinierend finden, doch nur einen heiraten.

In meiner Begeisterung für all die vielen, schönen Ideen hatte ich eine Ideen-Polygamie entwickelt, die mich völlig überforderte und unbefriedigt ließ. Sosehr Impulse anregen können – die nicht umgesetzten Ideen und vielen Papiere hatten mir stets signalisiert: »Da solltest du noch etwas tun«, und Druck und schlechtes Gewissen ausgelöst.

Ich sage anderen Menschen oft, Infos oder Ideen, die man nur sammelt, sind wie Kalorien, die zu Bauchfett werden, statt durch die passende Aktivität in kraftvolle Handlungsmuskeln umgebaut zu werden. Dabei ist egal, ob es sich um Input für den Beruf, das geistliche Leben, die Beziehungsgestaltung oder was auch immer handelt. Ein Gramm Praxis wiegt mehr als ein Kilo theoretisches Wissen.

Als ich mit dem Entscheiden und Sortieren endlich fertig war, war nicht nur mein Schiff um 18 Kilo Papier leichter, sondern vor allem mein Herz. Auch mein Kopf war klarer: Ich konnte mich jetzt besser auf die Ideen und Projekte konzentrieren, die ich tatsächlich angehen konnte und wollte –

ohne den Druck der vielen anderen Optionen im Nacken zu spüren. Ich selbst fühlte mich leichter und kraftvoller und fing sogar damit an, auch meine Computerdateien und Bilder zu reduzieren, denn ich spürte: Mit dem Minimieren hatte ich mir selbst das größte Geschenk gemacht.

Um zu verhindern, dass mein wunderschönes Schiff wieder mit Dingen überfüllt wird, lebe ich konsequent nach der 1:2 Regel. Wenn etwas Neues an Bord kommt, kommen zwei alte Sachen raus. Egal ob es sich um Bücher, Möbel, Kleidung oder Krimskrams handelt. Das werde ich so lange tun, bis ich vollständig mein Ziel erreicht habe, nur noch von Dingen umgeben zu sein, die ich aktiv nutze oder die ich einfach nur schön finde.

Außerdem ist mir Effizienz und Ökologie wichtig. Deshalb suche ich stets aktiv Möglichkeiten, mit einigen wenigen, einfach herzustellenden Dingen viele Fliegen mit einer Klappe zu schlagen. Glasreiniger mache ich selbst aus einer Mischung aus Essig und Wasser. Kastanienstücke sondern im Wasser Sapine, also eine Art seifige Lauge, ab. Damit kann man prima Wäsche waschen. Für schönen Duft und um das Wasser zu enthärten, füge ich bei bunter Wäsche getrocknete Orangenschalen zu, bei heller Wäsche werden die braunen Schalen der Kastanie vorher entfernt, und Zitronenschalen sorgen für Duft und Enthärtung. Kokosöl nutze ich für Haut, Haare und sogar als Sonnenschutz – und natürlich auch zum Kochen. Der Kreativität sind keine Grenzen gesetzt.

COACHING, KRISEN UND HAPPY ENDS

Oder: Warum ein Coaching-Gast die Flucht ergreifen wollte. Und wie man Ballast abwirft, um leichter durchs Leben zu gehen.

Parallel zur Verlagsarbeit und dem Werkeln an Bord besuchte ich mehrere Coaching-Fortbildungen. Ich wollte für die gegenwärtige und künftige Arbeit mit Menschen an Bord so gut wie möglich ausgebildet sein. Nebenbei tat es mir selbst gut, im Rahmen einer Weiterbildung eigene Stressfaktoren, die beim Bauen unweigerlich an die Oberfläche kamen, zu reflektieren und zu lösen.

Wo die Liebe neu geboren wird, wird das Leben neu geboren.

Vincent van Gogh

Ich liebe Effizienz – was ein Grund dafür ist, warum ich systemisches Coaching als Beruf gewählt habe. Anders als in Psychotherapie und Seelsorge geht es beim Coaching nicht so sehr darum, über alles Erlebte im Detail zu reden. Der Ansatz ist eher, durch Fragen und andere Techniken Impulse zu setzen, die im Gehirn des Kunden neue Perspektiven eröffnen.

Vorgehensweisen, bei denen man viel Zeit im Gespräch verbringt, haben ihren Sinn und ihre Berechtigung, wenn es darum geht, dass Menschen erstmals erzählen und sortieren wollen, was mit ihnen geschehen ist. Das kann aber auch sehr langwierig sein.

Ich mag es lieber schneller. Deshalb habe ich fünf verschiedene Fachausbildungen zu Methoden gemacht, mit denen man oft in kurzer Zeit, aber dennoch nachhaltig, innere Blockaden lösen kann. Ich bin ausgebildet als systemischer Coach und Supervisor, Trainerin für Gewaltfreie Kommunikation, als Businesscoach und als Coach für Wingwave. Ich liebe alle Werkzeuge, die ich in meinem Coaching-Koffer habe, doch besonders gerne setzte ich Wingwave ein.

Der Ansatz beruht darauf, dass man Stressgefühle wie etwa Angst, Scham und Ekel im limbischen System, vereinfacht gesagt dem »emotionalen Teil« des Gehirns, empfindet. Gefühle, die dort verankert sind, kann man in der Regel nicht durch Reden oder rationales Vorgehen auflösen. Was aber entlastend und lösend wirkt, ist abwechselnde Bewegung der rechten und linken Körperhälfte. Das kennt jeder, der schon einmal erlebt hat, dass sich bei einem Spaziergang ein Knoten im Kopf und in der Seele löst.

Wenn man im Coaching auf eine Stresserfahrung fokussiert und dann durch Rechts-links-Bewegungen – im Fachjargon die »bilaterale Hemisphären-Stimulation« – das Gehirn zur Verarbeitung anregt, lösen sich Dinge erstaunlich rasch. Gelegentlich erleben Menschen so schnell Entlastung und innere Befreiung, dass ich es – trotz jahrelanger Erfahrung – manchmal kaum fassen kann.

So ging es mir bei einer geflüchteten jungen Frau. Aala fiel in ihrer überfüllten Unterkunft am Flughafen Tempelhof, die sie mit mehreren Tausend Menschen teilte, die Decke auf den Kopf. Ich lud sie deshalb ein, zu mir zu kommen und einfach die Ruhe an Bord zu genießen.

Als sie beim Rundgang durchs Schiff an Deck auf die Spree

blickte, brach sie in Panik aus und wollte die Flucht ergreifen. Auch wenn die Spree ein wirklich harmloser Fluss ist, hatte die Weite der Wasserfläche sie an die lebensbedrohliche Überfahrt auf dem Schlauchboot übers Mittelmeer erinnert.

Ich bot ihr spontan Coaching an. In nur wenigen Minuten löste sich der Angstknoten. Sie atmete tief durch, sagte: »Jetzt ist es okay.« Anschließend blieb sie dann den ganzen restlichen Tag entspannt an Deck und genoss die Ruhe und den Blick aufs Wasser.

Wunderbar ist, dass die Menschen nicht nur während des Coaching-Gesprächs Erleichterung empfinden, sondern dass der im Coaching gelöste emotionale Knoten sich in der Regel auch nicht wieder verheddert.

Wie etwa bei Mike. Er war 13 und mit seinen Eltern ein paar Tage gekommen, um an Bord zu helfen. Als seine Mutter von meinem Coaching-Ansatz hörte, fragte sie mich, ob ich vielleicht ihrem Sohn helfen könnte. Er hätte immer Angst, allein bei Freunden zu übernachten; obwohl er es schon mehrfach versucht hatte, musste er immer von seinen Eltern abgeholt werden, weil er Panik bis hin zu Durchfall und Erbrechen bekam. So was ist ziemlich blöde, wenn man 13 ist, um es mal vorsichtig zu formulieren.

Als wir uns – während die anderen an Bord hämmerten und sägten – in das unfertige, aber zumindest abgeschlossene Gästezimmer zurückzogen, war ich mindestens ebenso aufgeregt wie er. Ich hatte noch nie mit einem Teenager gearbeitet und war mir nicht sicher, ob meine Vorgehensweise bei ihm gut ankommen würde.

Mike war gelassener als ich. Am Ende des Coachings sagte er, dass er bis in den Körper hinein gespürt hat, dass sich in ihm etwas gelöst hat. Einige Wochen später schrieb mir seine Mutter:»Mike hat kürzlich zum ersten Mal bei einem Freund übernachtet. Und es ging gut. Jetzt will er sich zu einem Sommerlager für Jugendliche anmelden. So etwas wäre früher undenkbar gewesen!«

Als ich das las, stiegen mir die Tränen in die Augen. Ich konnte nur ahnen, welchen Unterschied diese eine Stunde in seinem Leben bewirkt hatte, welchen Einfluss sie auf seine Jugendzeit und damit vielleicht auf sein ganzes Leben hatte. Für ihn war das so prägend, dass er zwei Jahre später, als ich zu einem Besuch in der Gegend war, mit Erlaubnis seiner Mutter einen Tag Schule schwänzte, weil er mich unbedingt treffen wollte. Die eine Stunde Coaching war ein Wendepunkt für ihn. Sie markierte die Verwandlung von einem, der nicht mitmachen konnte, zu einem, der dabei sein konnte.

»Ebbe und Flut. Begleitung für die Höhen und Tiefen im Leben« ist der Slogan, den ich meiner Coachingarbeit an Bord gegeben habe. Ich erlebe es auch, dass Menschen in den Zeiten zum Coaching kommen, wenn das Leben gerade gut läuft und sie ihre Stärken weiterentwickeln wollen.

Doch die meisten Menschen suchen sich eher dann Unterstützung, wenn das Leben mehr auf»Ebbe« steht als auf Fülle. Etwa dann, wenn ein Traum geplatzt ist, etwas Kostbares zerbrochen oder sie inmitten einer Krise stecken, nicht weiterwissen und sich dennoch nach einem Happy End sehnen.

Happy Ends sind klasse. Ich mag keine Bücher, in denen es nach einem schwierigen Anfang und einem hoffnungsvollen Mittelteil am Ende doch schiefgeht. So wie in dem Buch»Ein ganzes halbes Jahr«, in dem eine unkonventionelle Frau als Pflegerin eines suizidgefährdeten Tetraplegikers, also vom

Hals abwärts gelähmten Mannes, engagiert wird, sich in ihn verliebt und er sich wohl auch in sie. Am Ende nimmt der Kerl sich trotzdem das Leben. Ich hätte ihn und das Buch vor Frust fast an die Wand geworfen. So eine Verschwendung von Herz, Kraft und Energie!

Da sind mir wahre Geschichten wie »Ziemlich beste Freunde« weit lieber. Gleiches Szenario nur mit einem ruppigen männlichen Pfleger und ohne Verliebtheit. Doch am Ende findet der Tetraplegiker zu neuer Lebensfreude, wagt es, sich wieder auf das Leben und die Liebe einzulassen.

Wenn ich mich entspannen will, lese ich gern wahre oder erfundene Geschichten, die gut ausgehen. Doch warum lese ich eigentlich Hunderte von Seiten? Man könnte doch im Grunde gleich von Seite eins auf die letzte Seite springen, um zu wissen, wie es ausgeht.

Ich springe nicht – zum einen, weil Lesen ein wunderbares Vergnügen ist, und zum anderen, weil man das Happy End nicht wirklich nachfühlen kann, wenn man die ganze Geschichte nicht kennt. Ein starkes Happy End bewegt nicht nur, weil es am Ende gut ausgeht, sondern auch, weil die Hauptpersonen auf dem Weg dorthin verwandelt wurden. Hätten sie sich dem Veränderungsprozess widersetzt, wäre es meistens nicht zum Happy End gekommen.

Meist beinhaltet dies das Wagnis, Menschen, ein Umfeld und Handlungsweisen zu verlassen, in denen man sich sicher fühlt und sich auf Neues einlässt.

So wie bei Amelie. Sie war für eine Woche aufs Schiff gekommen, um Orientierung und Perspektiven zu finden. Schon nach drei Tagen brach es aus ihr heraus: »Ich halte das nicht mehr aus. Ich reise ab!« Sie hatte eine stille, ruhige Woche an Bord erhofft, doch es war mehrfach unerwartet Besuch aufs Schiff gekommen. Das hatte sie extrem irritiert.

Als Amelie mir davon erzählte, spürte ich, dass die Intensität ihrer Emotionen nicht zur relativ harmlosen Ursache zu passen schien – da waren einfach zwei Leute überraschend an Bord gekommen. Ich sagte ihr, dass sie natürlich frei sei zu gehen. Gleichzeitig empfahl ich ihr, doch noch mal mit mir hinzusehen, was genau sie so sehr erschreckte.

Wir brauchten nicht lange zu suchen. Bald schon brach es aus ihr heraus. »Als ich ein kleines Mädchen war, klingelte es häufig unangekündigt. Dann …« Ihre Stimme erstickte. Sie brauchte nicht weiterzuerzählen. An ihrem Gesicht konnte ich ablesen, wie viel Schmerz und Scham mit den damaligen Geschehnissen verbunden war.

Obwohl sie eine ausgesprochen kreative Frau war, hatte sie ihr ganzes Leben lang unendlich viel Energie darauf verwendet, alles Unvorhergesehene und Spontane aus ihrem Leben zu verbannen, weil es mit so viel Schrecken verbunden war. Das hatte ihr ganzes Leben gestresst und eingeschränkt, und sie fühlte sich depressiv, ausgelaugt und müde. Das war einer der Gründe gewesen, warum sie überhaupt zu mir an Bord gekommen war. Jetzt war durch ihre Reaktion auf die unangekündigten Besucher die Ursache für den tiefen inneren Stress ans Licht gekommen.

Mithilfe der Wingwave-Coaching-Technik unterstützte ich sie dabei, den tiefen Schrecken, der in ihrem Emotionssystem festsaß, abzubauen. Wir brauchten nur eine gute Stunde Zeit dafür. Diese fast märchenhaft anmutende Effektivität liegt auch darin begründet, dass ich mittlerweile gut darin geübt bin, vorsichtig, aber zielgenau an der richtigen Stelle anzusetzen. Deshalb dauerte es auch bei Amelie nicht lange, bis der emotionale Knoten gelöst war. Sie entspannte tief.

Amelie blieb noch ein paar Tage länger auf dem Schiff und konnte auch selbst schon schnell eine Veränderung feststellen. Normalerweise ist es recht ruhig an Bord, doch in der Zeit ihres Aufenthaltes passierte es noch mehrfach, dass Menschen unangekündigt auftauchten. Es jagte ihr jedoch keinen tiefen Schrecken mehr ein.

Diese starke Veränderung war nur möglich, weil auch ich eine Verwandlung mitgemacht hatte. Früher hätte ich einfach nur traurig gesagt: »Wenn du gehen willst, dann gehe!« Und hätte sie ziehen lassen. Doch in den vergangenen Jahren war ich nicht nur in Empathie gewachsen, sondern auch in Mut. Und so wagte ich es, ihr das Angebot zu machen, noch mal hinzusehen, was genau sie so belastete.

Zu Beginn ihrer Zeit an Bord hatte die künstlerisch begabte Frau ein Bild gemalt, das sie selbst darstellte. Die Stelle rund um ihr Herz war in sehr düsteren Farben gehalten. Zum Abschied schenkte sie mir das Bild als Erinnerung – doch wie schön: Sie hatte eine leuchtende, offene Blüte gemalt und über den schwarzen Fleck geklebt: »Das bin ich jetzt!«, sagte sie: ein wahr gewordener Traum.

HIMMELSWIND

Oder: Wie Rituale das Leben und Beten leichter machen. Und warum ein Labyrinth die Seele beruhigt.

Wasser ist ein erstaunliches Element. Es ist nicht so fest wie Boden und Erde, kann in den Himmel aufsteigen, Wolken formen, als Nebel die Umgebung in einen zarten oder undurchdringlichen Schleier einhüllen und zu Eis oder Regen werden. Diese Wandlungsfähigkeit finde ich zauberhaft.

Jeden Morgen, wenn ich die Treppe von meinem Schlafzimmer nach oben steige, bin ich gespannt wie ein Kind an Weihnachten, was mich beim Blick auf Wasser, Himmel und Weite an diesem Tag wohl erwarten wird.

Das Leben auf dem weichen Element sollte auch meine Spiritualität beeinflussen. Seit ich auf einem christlichen Ferienlager gehört und geglaubt hatte, dass Jesus uns den Zu-

*Du hast in dir
den Himmel und die Erde.*

Hildegard von Bingen

gang zu Gott eröffnet, ist mein Leben fest im christlichen Glauben verankert. Wenn man einen Anker erst einmal gesetzt hat, bleibt er meistens fest – es müssen schon heftige Stürme kommen, um ihn zu lösen. Meine Dosis an Stürmen hatte ich im Leben zwar auch überstanden, und manchmal drohte sogar der Anker abzureißen, doch am Ende hielt er mich doch und gab mir Halt.

Was mich aber schon seit einiger Zeit nicht mehr innerlich

befriedigte, war das seit Langem eingeübte Ritual der Gottesbegegnung: einen Text in der Bibel lesen, darüber nachdenken, dann beten. Das ist gut, solide, aber nach mehr als 30 Jahren Praxis fand ich diese Vorgehensweise nicht mehr sonderlich aufregend. Ich suchte nach anderen Wegen.

Das Schiff bot dafür einen guten Rahmen. Wenn ich in den Sommermonaten mit einer Tasse Milchkaffee auf dem Dach meines Schiffes saß, luden mich das Schaukeln des Schiffes und die ruhig vorbeifahrenden Schiffe zu mehr Kontemplation und Herzensdialog mit mir selbst und Gott ein, als ich es aus früheren Jahren kannte.

Die größte Veränderung kam, als ich online einen Vortrag eines Unternehmers hörte, den man wohl als hochgradig intelligent und ebenso hochgradig ADHS klassifizieren könnte. Wann immer er im Internet Vortragsvideos ansieht, spielt er sie mit doppelter Geschwindigkeit ab, weil es ihm sonst zu langweilig wird.

Er wollte meditieren lernen, aber für jemanden wie ihn war es nicht gerade attraktiv, stundenlang nur den eigenen Atem zu beobachten. Also suchte er nach anderen Wegen, um den beruhigenden Effekt von meditativer Betrachtung auf kompaktere Weise zu erreichen. Er entwickelte eine Art High-Speed-Betrachtung zentraler Lebensbereiche, die aber dennoch intensiv und emotional berührend war.

Inspiriert von seinem Ansatz, habe ich meine eigene Gebetspraxis in ein Muster aus sechs oder manchmal auch sieben Teilen umgestaltet.

Verbundenheit: Ich nehme mir Zeit, mich darauf zu besinnen, dass ich mit Gott verbunden bin. Wenn dabei das Boot schaukelt und ich die Sonne im Gesicht spüre, fällt mir das leichter. Aber auch zu trüben und regnerischen Zeiten gelingt es mir meist, zu spüren: Ich bin geliebt und nicht allein.

Dank: Ich danke Gott für mindestens drei Dinge aus meinem privaten und beruflichen Leben. Im Beruf ist mir das besonders wichtig, da in diesem Bereich für mich die Gefahr besonders groß ist, nur die Herausforderungen zu sehen, vor denen ich stehe – nicht auch die Segnungen, die ich erfahren habe. Wenn ich besonders ambitioniert bin, versuche ich, etwas Neues zu finden, wofür ich bisher noch nie gedankt habe. So trainiere ich mich selbst, nach den wunderbaren Dingen im Leben Ausschau zu halten. Das tut einfach gut.

Vergebung: Ich spüre, wo etwas oder jemand mich verletzt hat, und gewähre Vergebung. Der Jemand kann durchaus ich sein. Das ist sogar häufig der Fall – ich bin manchmal traurig, wenn ich hinter meinem Anspruch, Gott und Menschen zu lieben, zurückbleibe oder zugelassen habe, dass Angst mein Herz umklammert hat.

Ein Traum: Ich denke und sinne über etwas nach, was ich mit meinem Leben bewirken will. Ich erspüre etwas, was ich der Welt und den Menschen gern schenken möchte, und male es mir vor Augen, wie das aussehen könnte.

Mein Tag: Ich gehe Schritt für Schritt in Gedanken den Tag, der vor mir liegt, durch. Ich stelle mir vor, wie ich ihn bestmöglich gestalte. In diesem Vorgehen ist auch ein kleiner psychologischer Trick enthalten: Es fällt einem leichter, die Dinge gut zu machen, wenn man sie mental schon einmal durchgespielt hat. So stelle ich mir vor, wie ich fokussiert und kraftvoll eines nach dem anderen anpacke. Damit weiß mein Gehirn schon mal, wo ich hinwill, und hilft mir.

Segen: Ich glaube auch, dass ein guter Gott mich gern dabei unterstützen will, diesen Tag gut zu leben. Ich öffne mich betend für Gott und den Segen, den er mir schenken will.

Gebet für andere: Manchmal – zugegebenermaßen nicht immer – bete ich auch um Segen für andere Menschen.

Ein besonderes Geschenk für meine Spiritualität machten mir eines Tages Elizabeth und Scott. Lizzy, wie sie von den meisten genannt wird, kenne ich noch aus der Zeit, als sie ein Schulkind war. Damals stritten sie und zwei ihrer Schwestern sich darum, wer denn beim Essen neben mir sitzen durfte. Die Lösung war einfach: Ich nahm die kleinste auf den Schoß, dann war neben mir noch Platz für die beiden anderen.

Es hat mich berührt, als sie schrieb, dass sie den ersten Todestag ihrer Mutter, die ein Jahr zuvor sehr plötzlich an Malaria und Typhus gestorben war, bei mir verbringen wollte. Sie wollte an einem Ort und bei einem Menschen sein, die ihr Geborgenheit und Sicherheit vermitteln.

Sie und ihr Freund Scott blieben ein paar Tage und wollten gern etwas Künstlerisches für mich gestalten. Ich bat sie, ein Labyrinth auf das Dach meines Schiffes zu malen. Ein echtes Labyrinth ist kein Irrgarten, sondern ein geführter Weg, der in vielen Schleifen zum Zentrum und von dort wieder nach außen führt.

Im Mittelalter wurden Labyrinthe oft auf die Böden von Kirchen gemalt – ein berühmtes Exemplar findet sich heute noch in der Kathedrale in Chartres und lädt auf einen inneren Weg des Gebets ein. Ich stellte mir das wunderschön auf dem Dach meines Schiffes als Inspiration zum Gebet vor.

Die beide machten einen Entwurf und malten dann ein schönes Labyrinth auf das Dach meines Schiffes – in der Mitte ein Herz. Meine Intuition hatte mich nicht getrogen – es sollte für mich eine große Hilfe zum Gebet werden. Ein Labyrinth ist gleichzeitig beruhigend – indem es einen klaren Weg vorgibt, – und belebend – weil man bei jeder Kurve eine andere Perspektive einnimmt. Das ist genau das Richtige für mich, da mir das Stillsitzen eher schwerfällt, sowohl beim Arbeiten oder Schreiben, aber eben auch beim Gebet.

Ich kombiniere den Weg durchs Labyrinth oft mit den sechs oder sieben Phasen meines Morgengebets. Die ersten drei Etappen lege ich auf dem Weg zum Herzen zurück – die anderen drei auf dem Weg vom Herzen zurück in die Welt. Oft war es so, dass das, was ich an jeder »Wegbiegung« in der Umgebung sah, mich zusätzlich inspirierte.

Ich erinnere mich an einen Tag, als ich gestresst vom Mailwechsel mit einer Frau war, die ein »Nein« von mir, ihr sehr viel Zeit zu schenken, nicht akzeptierte. Sie schob mehrere Mails hinterher, um mit anderen Argumenten doch von mir zu bekommen, was sie wollte. Das fand ich anstrengend. Als ich an diesem Tag darüber reflektierte, wem ich vergeben möchte, kam sie mir in den Sinn, und ich sprach Vergebung aus.

Es blieb eine Unsicherheit. Menschen zu enttäuschen fällt mir eher schwer, und ich fragte mich, ob ich in meinem »Nein« zu hart gewesen war. Als ich die nächste Kurve in meinem Mini-Labyrinth nahm, fiel mein Blick auf die große, grüne Boje im Wasser, welche die Fahrrinne für die großen Schiffe markierte. Ich empfand das als Botschaft vom Himmel: Markierungen sind schützend und gut. Du darfst Grenzen setzen. Ich atmete tief auf. Der Weg durch das Labyrinth hatte meine eigenen Grenzen gestärkt.

WINDSPIEL

Oder: Warum Metall auf Metall Urschreie auslöst.
Und wie Pferdehaare alte Träume neu zum Klingen
bringen.

Aaaaaa« – als der tiefe Ton des Cellos durch mein Wohnzimmer klang, schossen mir die Tränen in die Augen. Auch wenn es noch etwas unrund klang – es war einer der schönsten Klänge, die ich je gehört hatte. Es berührte mich besonders tief, weil der Klang von Bootsbauer Helge erzeugt wurde. Von ihm war ich ganz andere Töne gewohnt.

Wandlung ist notwendig wie die Erneuerung der Blätter im Frühling.

Vincent van Gogh

Kennengelernt habe ich ihn noch im Hamburger Hafen. Dort hatte mich Bernd Nr. 1 angesprochen, wann denn mein Liegeplatz frei würde und ob er mein Schiff mal ansehen könnte. Klar konnte er. Als er die Stapel Glaswolle sah, die im Seminarraum lagerten, war er entsetzt. »So ein Schiff isoliert man doch nicht mit Glaswolle – da gibt es Besseres!« Er erklärte mir, dass es Isoliermaterial gibt, das man luftdicht an der Schiffswand verklebt. Weil ich mir das nicht recht vorstellen konnte, nahm er mich mit auf eines seiner Boote.

Dort war Bootsbauer Helge damit beschäftigt, Decken und Wände zu bekleben. Auf meine Fragen nach Details bekam ich keine oder nur wortkarge Antworten. Außerdem rauchte er wie ein Schlot, wenn er nicht gerade Tee trank. Sympathie auf den ersten Blick geht anders.

Vermutlich war auch er nicht begeistert von der Frau, die plötzlich bei ihm an Bord stand und ihm Löcher in den Bauch fragte. Er hatte in den Jahren zuvor vor allem mit anderen Männern Schiffe umgebaut. Tagsüber hatten sie an Maschinen geschraubt, abends geraucht, gegessen und ferngesehen. Sehr viel geredet wurde da wohl nicht.

Bernd, der mich irgendwie ins Herz geschlossen hatte und wohl dachte: »Dieser armen Frau muss geholfen werden«, unterstützte mich in den kommenden Monaten, auch als das Schiff schon in Berlin war, nach Kräften: Er besorgte Speziallack für mich, nahm mir eine Tonne Sandstrahlsand ab und stellte schließlich Helge für drei Wochen von anderen Projekten frei, damit er bei mir arbeiten konnte. Als eines von Bernds Schiffsprojekten, an dem Helge arbeitete, nicht mehr weitergeführt werden konnte, wurde mein Schiff sein Hauptarbeitsgebiet.

Zu Anfang seiner Zeit bei mir waren wir hauptsächlich damit beschäftigt, Isolierung an Decken und Wände zu kleben. Damals gab Helge kaum ein Wort von sich, schimpfte und schrie aber jedes Mal, wenn etwas schiefging, lautstark. Damals konnte ich seine tieferen Qualitäten nicht so gut erkennen. Sie traten erst mit der Zeit deutlich hervor.

Auch wenn er am liebsten mit Holz arbeitet, ist er mit allen Schiffsbau-Wassern gewaschen. Es gab keinen Bereich, in dem er sich nicht auskannte: Elektrik, Wasser, Heizung und vieles mehr. Ich war voller Staunen, wenn ich ihm von einem technischen Problem erzählte und er sagte: »Lass mich mal nachdenken!«, und mir dann einige Tage später eine Antwort präsentierte, die gut durchdacht und fundiert war.

Wir entwickelten beispielsweise ein Heizsystem aus Pellet-
ofen mit wasserführender Tasche, das einen Tank speist, aus
dem heraus das Duschwasser, Wasser für eine Fußbodenhei-
zung im Wohnzimmer und Bad und – der Clou – Wandhei-
zungen in den unteren Räumen gespeist werden. Ein Gutachter der Schiffsversicherung sagte, ein so gut ausgeklügeltes
System hätte er an noch keinem Schiff gesehen.

Das war ganz anders als damals in der ersten Bauphase mit
Bootsbauer Franz. Er verfügte zwar über gute Intuition und
viel Fachwissen, aber dachte häufig Dinge nicht sorgsam in
allen Details durch oder ging nicht achtsam mit Dingen um.
So hatte ich beispielsweise eine 2500 Euro teure Umkehros-
moseanlage zur Reinigung des Wassers an Bord gekauft. Er
hatte jedoch die Einzelteile so achtlos und durcheinander auf
den Boden geschmissen, dass vier Ingenieure aus dem Fach-
bereich Wasser und Sanitär später nicht mehr in der Lage waren, sie wieder zum Laufen zu bekommen. Sie teilten mir nur
mit: »Da fehlen Teile!«

Helge war ganz anders. Er sagte oft lange nichts oder auch
erst mal: »Das geht nicht!« Beispielsweise als ich mir in den
Kopf setzte, eine Kaffeemaschine für meine Gäste in den nur
30 Zentimeter breiten Platz zwischen Garderobe und Toilettenwand unterzubringen. Er protestierte deutlich: »Das passt
hier nicht hin. Um genug Platz zu schaffen, müsste ich die
Wand versetzen – das geht wegen der Rohre nicht!«

Ich wiederum erklärte ihm, dass es mir wichtig wäre, eine
Kaffeeecke für Gäste zu haben, und dass genau dort der idea-
le Ort für das Gerät sei, weil sie da nicht im Weg wäre. Aus
Helges Knurren konnte ich schließen, dass er nun zumindest
darüber nachdachte.

Als ich eines Nachmittags nach Hause kam, hatte er die obere Hälfte der Toilettenwand um ca. fünf Zentimeter versetzt. Das Teil kollidierte nicht mit der Installation. Er hatte genug Platz für eine schmale Kaffeemaschine und sogar für eine ebenso schmale Müllstation geschaffen – das sollte genügen.

Ich lernte, Helge immer mehr zu vertrauen. Was er anpackte, hatte Hand und Fuß, und er führte die Arbeiten sorgsam und gut aus. Das Problem, das blieb, waren Helges Schreie. Manchmal markerschütternd, wie damals, als Nuno beim Abschneiden von Metall Funken ins Wohnzimmer gesprüht hatte.

Doch auch in weniger lebensbedrohlichen Situationen waren die Schreie oft erschreckend laut. Mein Bitten, das doch etwas zu reduzieren, weil es weder für die anderen Helfer noch für mich angenehm war, verhallten im Leeren.

Sicherheitshalber warnte ich die empfindsamen Frauen vor, die an Bord kamen: »Erschreckt nicht, Helge brüllt manchmal.« Und geflüchtete Freunde informierte ich augenzwinkernd: »Wenn ihr das Wort ›Scheiße‹ akzentfrei in allen Tonlagen lernen wollt, kommt zu mir an Bord.« An guten Tagen konnte man einen Schrei pro Stunde hören, an schlechten Tagen kamen sie im Minutentakt.

Manchmal genügte eine Kleinigkeit – zumindest aus meiner Sicht –, um einen Urschrei auszulösen. »Waaaaas machst du da?«, brüllte Helge. Ich war mir keiner Untat bewusst. »Was meinst du?« – »Du hast das Messer auf den Korkenzieher gelegt.« – »Ja, und?« – »Bei Metall auf Metall wird es stumpf!« Aha. Hmm. Das hätte man doch auch leiser sagen können.

Was genau hinter oder unter dem Gebrüll lag, habe ich nie herausgefunden. Doch im Lauf der Zeit wurde es seltener. Vielleicht lag es auch an den vielen geduldigen und warmherzigen Helfern, die Helge mit Freundlichkeit, Wärme, gutem Essen und vor allem Käse beschenkten und manchmal auch mit Segensgebeten eindeckten.

Auf jeden Fall veränderte es sich. Meine Freundin Rima beschrieb mir nach einem Besuch an Bord eine Szene, die ich nicht selbst miterlebt hatte: »Du hattest mich ja vorgewarnt: ›Wenn du was falsch machst – in Helges Auge falsch –, dann wird es laut – beängstigend laut.‹ Deine Geschichten davon kannte ich bereits zur Genüge, wie zum Beispiel, dass man niemals Metall auf Metall legen darf. Aber wer weiß das schon? Ich jedenfalls nicht.

Als ich bei dir am Streichen war, hockte ich eines Tages gut gelaunt auf dem Holzboden in der Schiffsküche und wollte gerade einen Farbtopf öffnen, um die Farbe umzurühren, als von hinten ein Schatten auf mich zusprang. Helge riss mir den Topf aus der Hand. ›Auweia‹, fuhr mir der Schrecken durch die Glieder, ›ich habe was falsch gemacht! Nur was?‹ Ich zog innerlich schon mal den Kopf ein, auf alles gefasst. Nur nicht auf das, was dann kam: ›Wenn du die Farbe mit geschlossenem Deckel schüttelst, geht es am besten‹, kommentierte Helge mit freundlichem Grinsen seine schüttelnden Bewegungen und reichte mir den Farbeimer zurück.«

Helge wurde im Lauf der Zeit immer offener und gesprächiger. Irgendwann waren es nicht nur schiffstechnische Dinge, über die wir sprachen, sondern auch persönliche Herausforderungen, aber auch die Geschenke des Lebens. Da kamen auf einmal andere Töne zum Klingen. Weiche Töne. Und echte Musik.

Helge hatte in seiner Jugend lange Cello gespielt und sogar

überlegt, Instrumentenbauer zu werden, weil er da seine Liebe zum Holz mit der Liebe zur Musik hätte verbinden können. Doch als er von zu Hause auszog, wollte seine Mutter ihm das Cello nicht mitgeben. 30 Jahre sollte es dauern, bis er – erst nach ihrem Tod – sein geliebtes Instrument wieder in Händen halten sollte.

Als er mir davon erzählte, hatte ich Tränen in den Augen. Er hatte das Cello seither noch nicht wieder gespielt, weil er auf einem sehr kleinen Hausboot lebt, da war zwar gerade so eben Platz für das Cello, aber nicht genug Bewegungsraum zum Musizieren. Außerdem war die Bespannung des Bogens komplett zerfallen.

Ich schenkte ihm das Geld für die Neubespannung mit Rosshaar und lud ihn ein, mein Schiff als Übungsraum zu nutzen. Und so saß ich da, als er die ersten Töne spielte, und konnte nur weinen. Es war Wiederherstellung. Heilung. Erneuerung. Neuanfang. Mein Traum, dass das Schiff dazu dienen würde, dass Menschen Auferstehung und Verwandlung erleben würden, war Wirklichkeit geworden.

TEIL 5 – AUSBLICK

In welcher Phase der Vision ein Visionär sich
befindet, erkennt man an den Kommentaren
seiner Mitmenschen.

Phase 5: »Was ist dein nächster Traum?«

FRÜHLINGSWIND

Oder: Wovon man träumt, wenn der große
Lebenstraum erfüllt ist. Und warum Träume
immer Samen sind.

D er Umzug auf das Schiff fühlte sich wie ein Hinübergleiten in ein anderes Leben an. Da ich in der Bauzeit ein
Viertel meiner Zeit auf dem Schiff arbeitete, feierte oder mich an Sonntagen
auch einfach nur erholte, hatte ich beim
Zeitpunkt des Umzugs zusammengerechnet wohl schon ein Jahr an Bord
verbracht. Deshalb war der endgültige
Umzug aufs Schiff fast unscheinbar. Das
lag vielleicht auch daran, dass die Bauarbeiten noch mehr als ein Jahr lang
weitergingen. Trotzdem lebe ich seitdem meinen Traum. Es war und ist
wunderschön, hier Gäste an Bord zu haben, Seminare zu halten, Menschen zu coachen, aber vor allem: einfach nur hier zu
leben. Das Wasser und die Vögel berühren mich und meine
Gäste jeden Tag aufs Neue. Es ist zum Weinen schön, an so
einem Ort leben zu dürfen. Es ist ein Traum.

*Je mehr ich darüber
nachdenke,
desto mehr fühle ich,
dass es nichts gibt,
was wahrhaft
künstlerischer wäre,
als die Menschheit zu
lieben.*

Vincent van Gogh

Durch den Umzug hat sich gar nicht so viel verändert. Das
liegt auch daran, dass ich mich selbst vor dem Zielerreichungs-
trugschluss gewappnet hatte. So nennt man in Psychologie
und Coaching die unrealistische Erwartung, dass das Errei-

chen eines Zieles das persönliche Glücksempfinden dauerhaft verändern würde.

Das tut es nicht. Kein Traum – wie schön er auch ist – macht uns glücklich. Glücklich oder unglücklich machen wir uns selbst. Mit unserer Fähigkeit oder Unfähigkeit, das, was das Leben aktuell bietet, zu genießen und zu bewältigen.

Ich hatte nicht erwartet, dass das Fertigstellen des Schiffes mich glücklicher machen würde, als ich es vorher war. Und so war es dann auch. Ich war insgesamt ähnlich glücklich wie zuvor – auch wenn ich das Wasser und die Schönheit und die Möglichkeit, Menschen Raum zu geben, jeden Tag zutiefst genieße.

Um auf mein Schiff zu kommen, muss man über das Nachbarschiff »Edelweiß« laufen. Beim aktuellen Zustand des 36 Meter langen, 150 Jahre alten Schiffes wäre »Edelrost« ein passenderer Name. Oft werde ich gefragt: »Wird das dein nächstes Projekt?«

Auch wenn in dem Schiff sehr viel Potenzial steckt, das ich gern heben würde, wäre es vermutlich für eine Pionierin wie mich viel zu langweilig, zwei Mal etwas Ähnliches zu machen. Vom Bauen habe ich für die nächsten Jahrzehnte erst mal die Nase voll – auch im wörtlichen Sinne. Ich habe beim Renovieren eine solide Schwermetallkonzentration im Körper eingefangen, welche ich erst mal wieder loswerden möchte. Außerdem will ich den Traum, für den ich so lange gekämpft und gearbeitet habe, nun voller Freude und Genuss leben.

Im Sommer wie im Winter meine Tage mit einer gemütlichen Tasse Kaffee und Blick aufs Wasser genießen. Menschen für eine Weile einen Ort geben, an dem sie sich sortieren und neue Orientierung finden können. Darüber hinaus, so gut ich kann, die Umgebung, in der ich lebe, prägen.

Nicht zuletzt will ich den Urwald vor meinem Schiff zum Garten verwandeln. Die erste reiche Tomatenernte im Jahr 2017 hat mir einen Vorgeschmack darauf gegeben, wie viel Potenzial in dem Stückchen Land steckt. Ich freue mich darauf, es Schritt für Schritt schöner werden zu lassen. Ich folge gern der klösterlichen Tradition, Menschen, die für eine längere Auszeit an Bord kommen, ein oder zwei Stunden praktisch mithelfen zu lassen. Der »Garten« bietet vermutlich noch für die nächsten Jahre Arbeit und damit auch Gelegenheit, beim Unkrautjäten und Umgraben über die Umgestaltung des eigenen inneren Gartens nachzudenken.

Mit Leben, Begleitung und Seminaren habe ich erst einmal genug zu tun und zu genießen. Ich lebe meinen Traum! Doch wenn man mich fragt, was mein nächster Traum ist, habe ich dennoch eine Antwort. Sie besteht aus zwei Buchstaben:

Du. Ja, mein nächster Traum bist du.

So gut ich kann, möchte ich mit dem, was ich bin, schreibe und vermittle, dich dabei unterstützen, die Schönheit deines Lebens zu genießen und zu entfalten. Wenn dazugehört, Ja zu dem zu sagen, was gerade so ist, wie es ist, dann möchte ich dir dabei beistehen.

Doch vielleicht spürst du, dass es zur Entfaltung deines Lebens notwendig ist, dich aufzumachen und etwas zu wagen, um deinen Traum zu leben. Dann will ich dir gern Mut zusprechen:

Lebe dein Leben.

Gestalte deinen Traum.

Mach die Leinen los!

Originalausgabe August 2018
© 2018 bene! Verlag
Ein Imprint der Verlagsgruppe
Droemer Knaur GmbH & Co. KG, München
Alle Rechte vorbehalten.
Das Werk darf – auch teilweise – nur mit
Genehmigung des Verlags wiedergegeben werden.
Redaktion: Uwe Birnstein
Coverabbildung: Debora Ruppert
Satz & Gestaltung: Maike Michel
Druck und Bindung: CPI books GmbH, Leck
ISBN 978-3-96340-028-5

5   4   3   2   1